Hermann Wiegmann

Johann Wolfgang von Goethe

Leben und Werk

Husum

Umschlagbild: Joseph Karl Stieler, „Goethe 1828“
(Abdruck mit freundlicher Erlaubnis der Bayerischen Staatsgemäldesammlungen, Neue Pinakothek, München)

CIP-Titelaufnahme der Deutschen Bibliothek

Wiegmann, Hermann:
Johann Wolfgang von Goethe : Leben und Werk / Hermann Wiegmann. – Husum : Husum Druck- und Verlagsges., 1988.
(Husum-Taschenbuch)
ISBN 3-88042-383-0

Satz: Fotosatz Husum GmbH
Druck und Verarbeitung: Husum Druck- und Verlagsgesellschaft, Postfach 1480, D-2250 Husum
ISBN 3-88042-383-0

Vorwort

Dieses Buch über Goethe will eine Einführung in das Leben und Werk des Dichters sein. Es gibt über den berühmtesten deutschen Dichter eine solche Menge an Fachliteratur, daß ihre Fülle geradezu erschlägt, auffälligerweise aber keine schmale Gesamtdarstellung, die den neuesten Forschungsstand möglichst verständlich wiederzugeben versucht und dabei sowohl einen biographischen Abriß liefert als auch Analysen seiner wichtigsten Werke.

So wendet sich dieses Buch zunächst an Studenten und Schüler, die sich übersichtlich informieren lassen wollen, als Einstieg und Anregung zum Detailstudium, darüber hinaus aber auch an den Nicht-Germanisten und den sogenannten Laien. Doch auch für den Fachgermanisten kann dieser Band seinen Dienst als Zusammenfassung tun, zumal ich – wie der Fachkollege rasch merken wird – relativ oft vertraute Forschungspositionen überprüfe.

Was ich jedenfalls erreichen möchte, ist zweierlei. Einerseits möchte ich die Scheu vor dem Dichtergenie Goethe nehmen und einladen, sich beherzt, natürlich auch fundiert, mit ihm zu befassen. Andererseits möchte ich etwas von dem Lesevergnügen vermitteln, was jedenfalls ich bei der Goethe-Lektüre habe, und dies – so gut mir das gelingt – auch begründen.

Der Band geht vom Stand der Forschungsergebnisse im ersten Halbjahr 1986 aus. Die Zahl der Monographien und Aufsätze über Goethe geht ins Uferlose, und es ist auch für einen Fachgermanisten kaum möglich, sie alle gelesen zu haben. Dennoch sollte das von einem weiterführenden Studium nicht abschrecken, und den Studenten sei geraten, zunächst Goethes Werke selber zu lesen – nicht die Forschungsliteratur –, um so den besten Zugang zu gewinnen. In einer Auswahlbibliographie am Schluß dieses Buches weise ich auf empfehlenswerte und geeignete Literatur zum weiterführenden Studium hin.

Was den biographischen Teil angeht, so bin ich verdienstvollen Darstellungen verpflichtet, wie den Arbeiten von Richard Friedenthal, Peter Börner, Karl Otto Conrady und anderen, bei den Dichtungsanalysen ist die Anzahl eingesehener Forschungsliteratur so groß, daß es töricht wäre, Einzelne zu nennen. Der Fachgelehrte wird merken, bei welchem Detail oder bei welcher Gesamtperspektive ich zustimme oder abweiche; für diesen Band würde eine mitgelieferte Forschungsdiskussion „in Fußnoten" eher störend sein, das kann getrost der Spezialliteratur überlassen werden.

Stellenweise freilich, bei entscheidenden Deutungsunterschieden, wird als Findungshilfe die Forschungsliteratur benannt, die ich kritisiere. Ich zitiere dann im Text den Namen und die Seitenzahl, und in der Bibliographie ist die entsprechende Titelangabe zu finden und auch die benutzte Auflage notiert.

Die abgedruckten Gedichte und Textauszüge folgen – soweit es nicht anders gekennzeichnet ist –, dem Druck der Artemis-Ausgabe von Goethes Werken (s. Auswahlbibliographie am Schluß des Bandes).

Ich mußte für einen solch schmalen Einführungsband sehr konzentriert vorgehen und hoffe, mich dennoch immer verständlich genug ausgedrückt zu haben. Es ist für einen Germanisten manchmal recht schwer, sich von der Fachsprache und -terminologie zu befreien, und unmerklich schleichen sich Begriffe und Formulierungen ein, die eigentlich schlichter, einfacher und damit allemal besser hätten gesagt sein können. Dem Gedanken nämlich, der sich hinter aufwendigem Vokabular versteckt und einer Flut von Fremdwörtern, ist nicht zu trauen. Was man nicht mit deutlichen Worten sagen kann, hat man normalerweise selber nicht verstanden!

Wenn Ihnen etwas nicht gefallen hat, dann schreiben Sie es mir bitte (Wiegmann, 4412 Ostbevern, Beusenstr. 15). Es könnte in einer eventuellen zweiten Auflage berücksichtigt werden.

Hermann Wiegmann

I. Ich fand mein Mädchen einst allein

Kindheit und frühe Jugend

(Frankfurt und Leipzig 1749–1770)

Johann Wolfgang Goethe wurde am 28. August 1749 in der Freien Reichsstadt Frankfurt am Main geboren. Sein Vater, Johann Caspar Goethe, war Jurist und Doktor beider Rechte (des weltlichen und kirchlichen), und Kaiser Karl VII., der aus politischen Gründen damals in Frankfurt residierte, hatte einem Antrag Johann Caspars entsprochen und ihm den Titel eines Kaiserlichen Rates zuerkannt, einen Titel, den in Frankfurt damals nur wenige angesehene Bürger führen durften. Aufgrund eines ansehnlichen Vermögens, das Großvater Friedrich Georg Goethe hinterlassen hatte, war es ihm verstattet, das Leben eines Privatiers zu führen. Johann Caspar hatte 1748 Catharina Elisabeth Textor geheiratet, die Tochter des Stadtschultheißen Textor. Der Stadtschultheiß leitete das Reichsgericht in Frankfurt und war als Vertreter des Kaisers der höchste Beamte der Stadt.

Also eine wohlhabende und angesehene bürgerliche Familie war es, als deren ältestes Kind Johann Wolfgang geboren wurde. Catharina Elisabeth brachte noch fünf weitere Kinder zur Welt, aber die damals hohe Kindersterblichkeit verschonte auch die Goethes nicht: nur Cornelia, die zweitälteste und von Johann Wolfgang sehr geliebte Schwester, überlebte die Kindheit, starb dann aber auch schon 1777.

Diese Freie Reichsstadt Frankfurt, in der Goethe aufwuchs, war eine der „reichsunmittelbaren" Städte in Deutschland, die souverän waren und unmittelbar dem Kaiser unterstanden. Was aber heißt schon „Deutschland" in dieser Zeit? Was wir uns unter Deutschland vorzustellen haben, sind etwa 300 selbständige Territorien: acht Kurfürstentümer, 94 weltliche und geistliche Fürstentümer, 103 Grafschaften, 40 Prälaturen und 51 Reichsstädte. Dazu kommen noch etwa 2700 zwar nicht reichsunmittelbare (also letztlich souveräne), aber doch fast vergleichbare „Herrschaften" hinzu. Wir haben es also mit ungefähr 3000 Territorien zu tun: größere, mittlere und viele kleine, teils winzige Territorien, die sich nicht nur teils in der Gesetzgebung, in der Rechtsprechung unterschieden, sondern in Sitten und Gebräuchen, im Münzwesen, in den Zollerlassen, in Vorschriften über Gewichte, Maße und vieles andere mehr. Das war „Deutschland" im Jahre 1749 und auch noch Jahrzehnte danach!

Frankfurt war damals eine Stadt von etwa 36 000 Einwohnern, eine für damalige Verhältnisse große Stadt mit blühendem Handel, mit einer bekannten Messe und mit selbstbewußten Bürgern und Zünften. Das aufstrebende Bürgertum hatte im 18. Jahrhundert an berechtigter Selbstüberzeugung gewonnen, und nicht nur der Adel, sondern auch angesehene Bürger, wie sie die Familie Goethe repräsentierte, waren über ihre wirtschaftlichen Interessen hinaus für Kultur und Bildung aufgeschlossen, sorgten natürlich auch für eine gute schulische Ausbildung ihrer Kinder.

So besuchte denn der kleine Johann Wolfgang von 1752 bis 1755 die Spielschule der Frau Hoff. Eine Spielschule war so ein Mittelding zwischen Kindergarten und Vorschule, wo der kleine Goethe wohl schon das Lesen gelernt hat. Von der heimatlichen Wohnung am Großen Hirschgraben bis zur Spielschule in der Weißadlergasse war es nicht weit. Übrigens war die Ludimagistra (Spiellehrerin) Hoff von reformiertem Bekenntnis, gehörte also in der von Lutheranern bestimmten Stadt zur Minderheit. Es spricht durchaus für die Toleranz der Eltern, daß sie ihren Sohn dort hinschickten. Freilich wird hier wohl wie auch sonst der Kaiserliche Rat, der Vater, die Entscheidung gefällt haben; denn der gebildete und durchaus strenge Vater scheint die Richtlinien der Familienpolitik bestimmt zu haben und nicht die spontane „Frohnatur“, die Frau Mutter, wenn man den Quellen folgt.

Von 1755 bis 1756 besuchte dann der kleine Goethe eine Elementarschule. Das war freilich wie auch sonst in anderen Orten eine Privateinrichtung; denn eine allgemeine Schulpflicht gab es noch nicht. Die Schule des Schreib- und Rechenmeisters Johann Tobias Schellhaffer hatte einen guten Ruf und bot den Unterricht von 7–10 Uhr und von 13–16 Uhr an. Hier lernte Goethe das Lesen, Rechnen und Schreiben nun umfassender, dazu kam die religiöse Unterweisung und anderes mehr.

Nach dieser Zeit wurde er nur noch von Privatlehrern unterrichtet, auch das für den Sohn eines renommierten Bürgers durchaus Gepflogenheit. Eine Vielzahl von Privatlehrern unterrichtete ihn nun in Rechnen, Geschichte, Geographie, Latein, Griechisch, Französisch, Englisch, auch Italienisch, selbst Hebräisch kam später dazu.

Der Zehnjährige soll bereits Homer, Ovid und Vergil gelesen haben! Für das aufgeklärte Luthertum seiner Zeit war auch ein intensives Studium der Bibel selbstverständlich. Umso eindringlicher mußte schon für den Sechsjährigen die Nachricht von der Katastrophe des Erdbebens von Lissabon (1755) gewirkt haben, auf die auch der reife Goethe noch häufiger zu sprechen kommt, da sie das Bild des gütigen Vatergottes infrage stellte. Von den über 200 000 Einwohnern von Lissabon waren über 60 000 umgekommen! Für den sensiblen Jungen stellte sich die Frage (anfänglich noch unscharf, mit zehn und zwölf Jahren intensiv), wieso hier das Unheil unterschiedslos Kinder und Greise, Unschuldige und Schuldige trifft, wenn wir doch auf die gerechte Vatergüte Gottes vertrauen sollen. In diesem frühen Kindheitserlebnis mag schon die spätere Distanz Goethes zu dem persönlichen Gott der christlichen Theologie begründet gewesen sein.

1759 wurde Frankfurt von den Franzosen besetzt, und für mehr als zwei Jahre quartierte sich in den unteren Stockwerken des Goetheschen Hauses ein Königsleutnant Graf François de Thoranc ein, der die französische Zivilverwaltung leitete, ein gebildeter Mann und Kunstkenner. Freilich war Goethes Vater politisch gesehen ganz auf der Seite Friedrichs II., während übrigens der Großvater Textor mit den Österreichern sympathisierte, die mit den Franzosen verbündet waren. Spannungen blieben so nicht aus, der Graf aber scheint dem jungen Goethe mit viel Sympathie entgegengekommen zu sein. Die Besetzung Frankfurts brachte auch französische Schauspielertruppen mit sich, und hier hatte der junge Goethe erste intensive Erfahrungen mit der Bühne.

Der Vater selber verfügte über eine stattliche Bibliothek und eine ansehnliche Kunstgalerie und versuchte über die Privatlehrerausbildung hinaus selber, eine gründliche Ausbildung seines Jungen zu fördern.

Erste schüchterne Versuche des Dichtens gibt es schon aus dem Jahr 1757, ab 1759 verfaßte der junge Goethe eine Anzahl von Gedichten, auch ein Dramenfragment über Belsazar entstand, aber alles noch sehr traditionsbestimmt, noch unsicher in der Form und unausgegoren im Inhalt. An seinem 13. Geburtstag überraschte er seinen Vater mit einem Quartband Poesie. Der größte Anteil dieser dichterischen Versuche ist verlorengegangen.

Mit sechzehn Jahren war Goethe für ein Universitätsstudium vorbereitet, und sein Vater bestimmte, daß er nach Leipzig zu gehen und Jura zu studieren habe, obwohl er lieber in Göttingen studiert hätte, und zwar Altertumswissenschaften.

Im Oktober 1765 kam Goethe nach Leipzig, die führende deutsche Messestadt mit damals etwa 30 000 Einwohnern, geprägt darüber hinaus von der Universität mit angesehenen und namhaften Lehrern, insgesamt weltstädtischer, kulturbetonter als das kaufmännisch-biedere Frankfurt, mit dem Image des Klein-Paris und mit dem dominierenden Einfluß des Rokoko. So mußte sich der junge Student schon in der Mode der galanten Kleidung der Leipziger anpassen. Mit einem jährlichen Wechsel von 1000 Talern (das Gehalt des Stadtschultheißen in Frankfurt war nicht viel höher, und ein Maurer verdiente vielleicht höchstens den sechsten Teil dieser Summe) hatte er freilich keine finanziellen Schwierigkeiten zu fürchten!

Sicher studierte nun der junge Student Jura – man weiß von Besuchen bei dem Staatsrechtler Böhme –, aber besonders intensiv ging er hier seinen künstlerischen Neigungen nach. Adam Friedrich Oeser führte ihn in zeitgenössische Probleme der Kunst und Kunsttheorie ein, er war Direktor der Leipziger Kunstakademie. Bei dem Kupferstecher Stock lernte er das Radieren, wie er hier überhaupt seine zeichnerischen und malerischen Talente entfaltete. Den beiden berühmtesten Vertretern der Literatur und Literaturwissenschaft, Gottsched und Gellert, begegnete er mit zunehmender Distanz. Er erkannte, daß ihre Bedeutung im Schwinden war, daß sie auch die Jüngeren wie Lessing und Klopstock in ihren Kollegien verschwiegen.

Den Leipziger Poeten und Professor Clodius verspottete er 1767 mit einer parodistischen Alexandriner-Satire „An den Kuchenbäcker Händel". Aber Goethes Belesenheit wuchs immer mehr, auch seine Kenntnis der Kunst- und Literaturtheorie.

Nun entstanden seine ersten Gedichte der Leipziger Zeit, die dem Rokoko-Stil zuzuordnen sind in der Nachfolge von Hagedorn, Geßner, Gerstenberg, Wieland u. a., heiter, leicht, kokett, in beschwingter, gefälliger Form.

Goethe fand einen ersten kritischen und hilfreichen Begutachter seiner Dichtung in Ernst Wolfgang Behrisch, dem Hofmeister (Hauslehrer) eines jungen Grafen. Behrisch hielt das „Buch Annette" (eine Sammlung von 19 Gedichten) in Schönschrift fest; diese Handschrift tauchte freilich später erst wieder auf, und zwar 1895 aus dem Nachlaß der Luise von Göchhausen, einer Hofdame der Weimarer Zeit Goethes. Die erste gedruckte Sammlung von Goethe-Gedichten heißt „Neue Lieder" und erschien 1769. Diese Sammlung enthält strophische und strophenlose, gereimte und reimlose Gedichte, Liedhaftes, auch Mischformen aus Prosa und Vers. Treffsicher ist schon in diesen frühen Gedichten der tändelnd-scherzhafte Ton der Rokoko-Lyrik getroffen, wie etwa im „Buch Annette":

So schwer ist's nicht, wie ich geglaubt,
Dem Mädchen eine Gunst zu rauben;
Hat sie uns nur erst eins erlaubt,
Das andre wird sie schon erlauben.

Mit Annette ist Anna Catharina Schönkopf gemeint, Käthchen genannt, in den Gedichten Annette.

Goethe hatte seinen Mittagstisch im Weinhaus Schönkopf und verliebte sich sehr bald leidenschaftlich in das drei Jahre ältere hübsche Mädchen. Die Verbindung dauerte bis zum Frühjahr 1768 und brachte ein bewegtes Auf und Ab von leidenschaftlicher Sympathie, aber auch von Launen, Unschlüssigkeiten, Kapricen mit sich. Viel von der gefühlsmäßigen Stabilität in der Liebesbeziehung verdarb Goethes Eifersüchtelei, die er selbstkritisch in seinem Schäferspiel „Die Laune des Verliebten" charakterisiert hat. Andererseits scheute wohl auch Goethe eine so frühe Bindung, und Käthchen schien wegen des Altersunterschiedes, vor allem aber wegen des Standesunterschiedes nicht ganz ernsthaft an eine tatsächliche dauernde Verbindung geglaubt zu haben. Die Gedichte verraten nicht sehr viel davon, sie sind Ausdruck vornehmlich des Spielerisch-Beschwingten ihrer Beziehung, so etwa im „Buch Annette":

„Jüngst schlich ich meinem Mädchen nach,
Und ohne Hindernis
Umfaßt ich sie im Hain; sie sprach:
Laß mich, ich schrei gewiß.
Da droht ich trotzig: Ha, ich will
Den töten, der uns stört.
Still, winkt sie lispelnd, Liebster, still,
Damit dich niemand hört."

Das ist genau der gesellig-heitere Ton des Rokoko, gestimmt auf geistreich-erotisches Geplänkel, auf das Zentralthema Liebe und Galanterie, sicherlich nicht originell oder lyrisch bedeutsam, aber es verrät sich schon hier die Sicherheit im Umgang mit strophischen und rhythmischen Formen. Die tatsächliche Liebe zu seinem Käthchen ist hier aber, bewußt oder unbewußt, nicht artikuliert, sondern ins vertraute unverfängliche Spiel kokett-erotischer Dichtungsweise hineingenommen, ohne persönlich-individuelle Empfindung auszudrücken, wie Goethe es einige Jahre später tun wird.

Nur scheinbar moralisierend artikuliert er sich im „Triumph der Tugend" (etwa „Ich fand mein Mädchen einst allein"), in Wirklichkeit die gesellige Konvention des Erlaubten schon leicht ironisierend. Es gibt auch schon einige andere Töne in den Oden:

Ich zähle die Schläge
Des donnernden Rads,
Segne den letzten,
Da springen die Fesseln, frei bin ich wie du.

Die drei Oden an seinen Freund Behrisch, dem seine Stelle gekündigt wurde, sind individualisierter, konkreter, haben einen anderen Ton, in dem sich die Betroffenheit über den Abschied zu erkennen gibt. Auch die Form der freien Rhythmen ist neu.

Die Laune des Verliebten

Dieses Schäferspiel aus der Leipziger Zeit ist ein Rokoko-Kunstwerk en miniature. In geschmeidigen Alexandrinern (sechshebig jambisch-steigender Vers mit einer Zäsur nach der dritten Hebung) entwickelt sich in einem Akt ein Spiel um übertriebene Eifersucht. Die Liebe Eridons zu Amine ist durch eben diese Eifersucht strapaziert, und Amine ist den Verdächtigungen gegenüber hilflos. Ihre Freundin Egle, deren Verhältnis zu ihrem Freund Lamon verständnisvoller und vernünftiger ist, überzeugt schließlich Eridon durch eine geschickte Verführungsszene, bei der er die Grenze, die er Amine setzen will, selber überschreitet. Goethe hat in diesem bukolischen Spiel seine eigene Eifersucht auf Käthchen Schönkopf gebannt. Das Stück blendet wie vergleichbare Schäferspiele die gesellschaftlich-historische Wirklichkeit ganz aus und spielt, allen Zeit- und Raumkonkretheiten enthoben, in einem idealisierten Arkadien (Arkadien: altgriechische Landschaft; in der poetischen Hirten- und Schäferdichtung dann das Traumland idyllischen Friedens und eines goldenen Zeitalters), ganz eindimensional auf Liebesglück und -schmerz hin komponiert. Ohne Zweifel spielt hier auch das Bildungsideal des Gesellig-Schönen eine prinzipielle Rolle. Eridon, den schon die sanktionierten Formen kulturellen Umgangs bei Tanz und Spiel (Pfänderkuß usw.) kränken, kommt schließlich zu der Einsicht, daß Liebe nicht totale Inbesitznahme des anderen ist.

Ein kleines Meisterwerk des erst 18jährigen Goethe!

Und mit diesem Erstling aus der „Käthchen-Zeit“ ist gleichzeitig ein Höhepunkt der sich dem Ende zuneigenden Rokoko-Dichtung erreicht; denn wo findet man sonst in der Rokoko-Dichtung eine solch geglückte spielerisch-leichte Eleganz der Form und gleichzeitig eine so psychologisch-treffende Entfaltung des Geschehens in so konzentrierter Abfolge?

Das wechselvolle Verhältnis mit Käthchen, der Wechsel auch von intensivem Studium und ebenso nachhaltigen Zerstreuungen im

Freundes- und Bekanntenkreis führte schließlich zu einem psychisch-physischen Zusammenbruch, der mit einem Blutsturz im Juli 1768 endete. Sehr krank kehrte er nach Frankfurt zurück. Es dauerte Monate, bis die Lebensgefahr überwunden war. Man hat aus späterer medizinischer Kenntnis heraus vermutet, daß es sich doch wohl um Tuberkulose gehandelt hat. Insgesamt vergingen nun etwa anderthalb Jahre bis zur völligen Gesundung und Rekreation in Frankfurt, wo eine Freundin seiner Mutter, Susanne Katharina von Klettenberg, ihn für pietistische Schriften und Gedankengänge interessierte (Pietismus = individuell gestimmte Herzensfrömmigkeit gegenüber den dogmatischen Glaubenssätzen und -praktiken, einhergehend mit tätiger Nächstenliebe). Zweifellos hat sie emotional beruhigend und stabilisierend auf ihn eingewirkt. Auch der behandelnde Arzt, Johann Friedrich Metz, trug nicht nur zu seiner körperlichen Erholung bei, sondern weckte sein Interesse für naturphilosophische und hermetische Schriften. Hermetische Schriften nannte man die im Corpus Hermeticum überlieferte Offenbarung eines Hermes Trismegistos (daher die Bezeichnung Hermetik), die religiöses und philosophisches Denken, Naturwissenschaft und Glauben verband, d.h. also, daß eine Gesamtschau von Welt, Natur und Offenbarung beabsichtig war, und Theologie kein separater Bereich. Das hat Goethes spätere Sicht von Natur und Gott beeinflußt. Sicher nicht unwichtig, literarisch gesehen, war auch der Zugang zur Sprachlichkeit des Pietismus, der in Gedankenbewegung und Wortschatz die Selbstbeobachtung förderte und den treffenden emotionalen Ausdruck.

Als Goethe wieder gesundete, wandte er sich 1769 neuen literarischen Formen und Ausdrucksmöglichkeiten zu, so wie er das später immer wieder tun wird. Das Ergebnis waren die „Mitschuldigen“.

Die Mitschuldigen

Goethe hat „Die Mitschuldigen“ zunächst als Farce in einem Akt mit 15 Auftritten komponiert. Eine Farce nennt die Literaturwissenschaft die rasche Folge situationskomischer Verirrungen und Verwicklungen in einem satirischen Lustspiel, das menschliche Charaktereigenschaften karikiert und ohne Hauptfigur auskommt, die nämlich eine gefühlsmäßige Bindung zulassen würde. Die Farce hat im 18. Jahrhundert Elemente der italienischen commedia dell'arte übernommen. Die commedia dell'arte war ursprünglich als Stegreifkomödie entstanden, verlangte also freies Sprechen und ein hohes Maß an Improvisationskunst von den Darstellern. Andererseits hatte die commedia dell'arte ein erprobtes Arsenal feststehender Typen wie den geprellten Ehemann, den schwadronierenden Aufschneider, Harlekin und seine Geliebte Columbina usw. Goethe führt nun freilich den Alexandriner als Versmaß für die „Mitschuldigen" ein, und damit war sprachlich disziplinierte Rede von den Darstellern gefordert, die dem Stegreif entgegengesetzt war und beim Dialog eine gekonnte Redearchitektur verlangte.

Anders verhielt es sich mit dem Ensemble von Personen, das durchaus den Typen der commedia dell'arte entsprach: der neugierige Wirt, seine Tochter Sophie, die mit dem faulen und leichtsinnigen Söller verheiratet ist, und Alcest, ihr früherer Liebhaber.

Die Ereignisse überstürzen sich: Söller wird beim Versuch, Alcests Geld zu stehlen, ungewollt Zeuge eines Stelldicheins seiner Frau mit Alcest, und auch der Wirt kommt hinzu, um sich eines versiegelten Briefes zu bemächtigen. Nach gegenseitigen Beschuldigungen kommt die Wahrheit ans Tageslicht, und alle als Mitschuldige verzeihen sich.

Der ersten einaktigen Fassung von 1769 hat Goethe noch im selben Jahr eine zweite Fassung folgen lassen, die den ursprünglichen Akt zu einem Lustspiel in drei Akten erweitert. Dabei wird der Akt des Anfangsentwurfs zum fast unveränderten zweiten Akt, dem ein erster Akt als Exposition vorausgeschickt wird, und dem ein dritter Akt folgt, der die Auflösung der Verwicklungen eingehender vorführt. In den 80er Jahren hat Goethe noch einige Änderungen in einer dritten Fassung vorgenommen.

Die neue Fassung als Lustspiel in drei Akten beseitigt Unebenheiten, erlaubt insgesamt eine begründetere Stimmigkeit der Personen durch die Exposition (Anlage des Konflikts in einem Schauspiel), ohne damit aus den handelnden Personen des Lustspiels Charaktere machen zu wollen. Diese Absicht Goethes ist in der neueren Literaturwissenschaft häufig mißverstanden worden. Martini (siehe Auswahlbibliographie) bezeichnet das Stück als „verfehltes Lustspiel", da es in der zweiten Fassung weder reine Farce sei (mit der Absicht einer Farce, bestimmte, deutlich typisierte Personen wie den Geizigen, den Neugierigen lächerlich zu machen) noch wirklich ein bürgerliches Lustspiel sei (wo aus Typen Charaktere konkret-individueller Art werden, mit denen wir mitfühlen können und die wir gleichzeitig aus einer kritisch-moralischen Perspektive sehen). Martini urteilt m. E. falsch, weil er die ironisierende Absicht des Stückes verkennt. Sicher rücken Sophie und Alcest im ersten Akt aus einer reinen Typisierung heraus und erscheinen durchaus realistisch-empfindsam. Aber der Fortgang des Stückes desillusioniert diese Voraussetzung und wird distanzierend zurückgenommen. Alcest und Sophie sind keine Charaktere, sondern allenfalls „halbe", embryonale. Gerade dieser Umschlag vom Farcenhaften zum ansatzhaft bürgerlichen Lustspiel wird durch das spätere Verhalten der scheinbar echt empfindenden Sophie und Alcest zurückgenommen. Das ist kaum zu übersehen! Wenn wir beginnen mitzufühlen, werden wir geprellt und gewinnen neue Distanz.

Sicher knüpft Goethe nicht an die neuere Entwicklung des Lustspiels an, wie sie schon durch Gellerts „Pro comoedia commovente" („Für ein bewegendes Lustspiel") von 1751 theoretisch grundgelegt worden war und meisterhaft und unübertrefflich in Lessings „Minna von Barnhelm" gestaltet, aber es ist falsch, Goethes „Mitschuldige" an einem anderen literaturhistorischen Modell zu messen und von dessen Intention und Spielregeln her zu beurteilen. Goethe knüpft offenbar bewußt an ältere Lustspieltraditionen an (so wie er in den 70er Jahren für seine Satiren trefflich an Hans Sachs anknüpft), um sie aber ironisierend-spielerisch weiterzuentwickeln. So bringt er eine ganz neue Perspektive hinein, um menschliche Schwäche und Verirrung zu entlarven. Meisterhaft ist der Gebrauch des Alexandriners mit den schlagfertigen Repliken, den geistreichen Wendungen, ebenso das Spiel im Spiel, etwa wenn der Lauscher als Dritter den Dialog der Belauschten kommentiert und das darüber hinaus auch dem Publikum gegenüber, welches so in die Szene „über die Rampe hinweg" einverständnisvoll eingebunden wird.

Nein! „Verfehlt" ist bei den „Mitschuldigen" allenfalls die Perspektive der Interpreten. Es ist erstaunlich, wie hier Goethe nach langer Krankheit sich einem ganz anderen Sujet zuwendet und hier schon etwas Charakteristisches entwickelt, das später für den ganzen Goetheschen Dichtungsstil bestimmend wird: die Situationsironie, die das gestaltete Geschehen immer auch mit einer anderen Perspektive konfrontiert, als es die ist, die man beim ersten Zusehen gewinnt.

Im Frühjahr 1770 ging der psychisch und physisch gesundete und erholte Goethe nach Straßburg, um sein Studium zu vollenden. Mit dieser Zeit beginnt eine neue entscheidende Periode in seinem Leben.

II. Es schlug mein Herz. Geschwind zu Pferde!

Beginn des Ruhms

(Straßburg, Wetzlar, Frankfurt 1770–1775)

Gleich am Tag seiner Ankunft war Goethe tief beeindruckt von dem Eindruck, den ihm das Straßburger Münster vermittelte. In dem Aufsatz „Von deutscher Baukunst“ (1772) schlägt sich noch zwei Jahre später dieser Eindruck nieder, der gleichzeitig etwas von der vielgerühmten und einzigartigen Fähigkeit Goethes verdeutlicht, Eindrücke aufzunehmen, die sinnlichen Details in ihrem organischen Ganzen aufzufassen und dichterisch in sensibler Sprachbewegung zu gestalten.

Jura studierte er recht wenig, dafür aber naturwissenschaftliche und philosophische Zusammenhänge. Vor allem erhielt er vielfältige Anregungen durch Begegnungen und Freundschaften. Beim Mittagstisch der Schwestern Lauth in der Knoblochgasse lernte er den Juristen Salzmann, den Theologen Franz Christian Lerse (den er als dichterische Figur im „Götz“ einführt), Heinrich Leopold Wagner (Drama „Die Kindsmörderin“), Johann Heinrich Jung (Jung-Stilling) und andere kennen, 1771 dann Jakob Michael Reinhold Lenz. Folgenreich war dann seine Begegnung mit Herder, der Goethes Hochschätzung Shakespeares bestätigte und förderte. Herder machte ferner auf James Macphersons Ossian-Dichtung aufmerksam, die sich erst später als Fälschung herausstellte (die Ossian-Dichtung hat Goethe bekanntlich im „Werther“ kompositorisch verwertet), und auch auf Thomas Percys „Reliques of Ancient English Poetry“ (Lieder und Balladen in ursprünglicher volkstümlicher Überlieferung).

Insgesamt machte Herder Goethe mit der ganzen Weite der sogenannten nordischen Dichtung vertraut, die gegen die Regelstrenge Gottscheds und gegen den galanten Ton des Rokoko natürliche Echtheit, Volktümlichkeit und kraftvolle Sprache setzte. Bekannt wurde Goethe auch mit den Schriften Hamanns, überhaupt nahm er hier endgültig Abschied vom Rokoko. Ein neuer Ton klang an.

Dafür war im Herbst 1770 die Begegnung mit Friederike Brion von nachhaltiger Bedeutung. Goethe wurde in Sesenheim in die Familie des Pfarrers Johann Jakob Brion eingeführt. Sesenheim liegt gar nicht weit von Straßburg entfernt. Die Geschichte seines ersten Rittes nach Sesenheim hat Goethe in „Dichtung und Wahrheit“ festgehalten. Zu der jüngeren der beiden Töchter des Pfarrers, Friederike, entwickelte sich eine tiefe Zuneigung. Monatelang waren die beiden jungen Leute in der schönen elsässischen Landschaft zusammen, und in den Briefen an Freunde aus dieser Zeit wird etwas von dem Glück dieser Tage deutlich, freilich auch schon etwas von fragender Unschlüssigkeit. Was schließlich zur Trennung führte, bleibt letztlich unbekannt. Doch scheint es Goethe gewesen zu sein, der in seinem dichterischen Entwicklungsprozeß die bleibende Bindung scheute; denn in der späteren Rückschau spricht er von Reue und Schuld. In den sogenannten Sesenheimer Gedichten spiegelt sich das Glücks- und Liebesgefühl Goethes wider, sie waren damals aber bis auf wenige (die Jacobi 1775 in der Zeitschrift „Iris“ veröffentlichte) gar nicht bekannt und wurden erst später veröffentlicht. Die bekanntesten Gedichte der Sesenheimer Zeit sind „Willkommen und Abschied“, das „Mailied“ und das „Heidenröslein“.

Von „Willkommen und Abschied“ gefällt mir die spätere Fassung am besten:

Es schlug mein Herz, geschwind zu Pferde!
Es war getan fast eh gedacht.
Der Abend wiegte schon die Erde,
Und an den Bergen hing die Nacht;
Schon stand im Nebelkleid die Eiche,
Ein aufgetürmter Riese, da,
Wo Finsternis aus dem Gesträuche
Mit hundert schwarzen Augen sah.

Der Mond von einem Wolkenhügel
Sah kläglich aus dem Duft hervor,
Die Winde schwangen leise Flügel,
Umsausten schauerlich mein Ohr;
Die Nacht schuf tausend Ungeheuer,
Doch frisch und fröhlich war mein Mut:
In meinen Adern welches Feuer!
In meinem Herzen welche Glut!

Dich sah ich, und die milde Freude
Floß von dem süßen Blick auf mich;
Ganz war mein Herz an deiner Seite
Und jeder Atemzug für dich.
Ein rosenfarbnes Frühlingswetter

Umgab das liebliche Gesicht,
Und Zärtlichkeit für mich – ihr Götter!
Ich hofft es, ich verdient es nicht!

Doch ach, schon mit der Morgensonne
Verengt der Abschied mir das Herz:
In deinen Küssen welche Wonne!
In deinem Auge welcher Schmerz!
Ich ging, du standst und sahst zur Erden,
Und sahst mir nach mit nassem Blick:
Und doch, welch Glück, geliebt zu werden!
Und lieben, Götter, welch ein Glück!

Gemeint ist der Ritt zur Geliebten! Und der ganze Enthusiasmus und alle Leidenschaft liegt in der Erinnerung an diesen abendlichen Ritt und diese Nacht. Die Natur ist in den zwei ersten Strophen der Widerpart: bedrohlich, abschreckend und unfreundlich, was aber das Hochgefühl des Reitenden nicht zu dämpfen vermag. Er nimmt die Naturphänomene (Eiche, Mond) durchaus wahr, hält aber seine hochfliegende Stimmung dagegen durch. In den beiden letzten Strophen bei der Geliebten (selbst beim Abschied) spielt die Naturwirklichkeit keine Rolle, nur die Morgensonne erinnert an den Abschied.

Conrady (Band I, S. 133) meint, daß in der späteren Fassung fast ein Gleichgewicht zwischen den Beteiligten hergestellt sei, doch insgesamt nicht verwirklicht. Das ließe die Stellung der Frau in der Gesellschaft nicht zu. Als ob Goethe auch nur eine Sekunde daran gedacht haben könnte, die Situation „partnerschaftlicher“ zu gestalten! Er hat einige sehr schöne sprachliche und gedankliche Verbesserungen vorgenommen, aber er hat doch dabei nicht an „ein Gleichgewicht zwischen den Beteiligten“ gedacht. Dann hätte er übrigens die erste Fassung da nicht ändern dürfen, wo es der Mann ist, der „mit nassem Blick“ der Geliebten nachschaut! Und in der späteren Fassung hängt er eben noch einmal der unglaublichen und närrischmachenden Erfahrung nach, daß die Geliebte um ihn geweint hat, daß man sich tatsächlich geliebt fühlen durfte!

Eines seiner bekanntesten Gedichte aus dieser Zeit ist das „Mailied“ (ursprünglicher Titel „Maifest“)

Wie herrlich leuchtet
Mir die Natur!
Wie glänzt die Sonne!
Wie lacht die Flur!

Es dringen Blüten
Aus jedem Zweig
Und tausend Stimmen
Aus dem Gesträuch,

Und Freud und Wonne
Aus jeder Brust.
O Erd, o Sonne!
O Glück, o Lust!

O Lieb, o Liebe!
So golden schön,
Wie Morgenwolken
Auf jenen Höhn!

Du segnest herrlich
Das frische Feld,
Im Blütendampfe
Die volle Welt.

O Mädchen, Mädchen,
Wie lieb ich dich!
Wie blinkt dein Auge!
Wie liebst du mich!

So liebt die Lerche
Gesang und Luft,
Und Morgenblumen
Den Himmelsduft,

Wie ich dich liebe
Mit warmem Blut,
Die du mir Jugend
Und Freud und Mut

Zu neuen Liedern
Und Tänzen gibst.
Sei ewig glücklich,
Wie du mich liebst!

Das hat sicher eine schwärmerische Naivität in der Aussage, auch die Wortwahl (Feld, Welt, Blut, Mut) hat noch nicht die individuelle Eigenprägung Goethes. Nach der emphatischen Aufnahme des Gedichts in früheren Zeiten neigen neuere Interpretationen eher zu kritischer Distanz und weisen auf die noch nicht entwikkelte Gestaltung der Gefühlsempfindung hin, auf die reine Gefühlsseligkeit usw. Das ist wiederum nicht richtig!

In diesen schlichten zweihebigen Versen sind Natur und Ich im Einklang, das Gefühl des lyrischen Ich entspricht der freundlichen Natur um ihn herum, wie halt für Liebende ein schöner Maitag beflügelnd wirkt. Alle weniger angenehmen Außenphänomene werden gar nicht wahrgenommen. Er könnte die ganze Welt umarmen („O Erd, o Sonne, o Glück, o Lust") und drückt sich deswegen so allgemein aus (Welt, Feld, Glück, Lust), da ihm für eine sensible Selbstbeobachtung und treffende individualisierende Außenbeobachtung die emotionale und reflektierende Perspektive fehlt und fehlen *muß*! Das ist das schwärmerisch-spontane (auch wenn er es erst später niederschreibt) Geständnis eines Verliebten an die Geliebte und in die Welt hinein. C'est ca!

Wenn er es später nochmals in Details anders formt, will er aber nicht die Spontaneität des Ausdrucks revidieren.

Was auch später zur Trennung führte – wie gesagt –, man kann es nicht mehr rekognostizieren! Goethe hat noch sehr viel später nur andeutungsweise davon gesprochen.

Nun, es ging so weiter, daß Goethes Promotion zum Doktor der Rechtswissenschaften daran scheiterte, daß man seine Dissertation über ein kirchengeschichtliches Thema ablehnte, weil es sich offensichtlich zu freimütig über die orthodoxe Lehre hinwegsetzte und man sich an einem heißen Eisen nicht die Finger verbrennen wollte. Man gestattete ihm aber die damals übliche Thesenverteidigung für den Grad eines Lizentiaten, und diese absolvierte Goethe im August 1771 „cum applausu" (mit Beifall), ein damals hervorragendes Ergebnis. Übrigens galt damals das Lizentiat für Juristen dem Doktorgrad als gleichwertig, letzterer war nur teurer!

Nach seinem Lizentiat kehrte Goethe nach Frankfurt zurück. Er wurde als Rechtsanwalt beim Schöffengericht zugelassen. Vom Herbst 1771 bis zum Herbst 1775 führte er alles in allem 28 Prozesse, das ist nicht gerade viel. Und tatsächlich entfaltete er jetzt eine ungemein dichterische Produktivität. Mit der Rede „Zum Schäkespears Tag" am 14. 10. 1771 vor Freunden verkündigte er gleichzeitig ein literarisches Programm, das des sogenannten Sturm und Drang. Das bedeutete Absage an die gesellig-graziöse Welt des Rokoko, Abkehr gleichzeitig vom klassischen Regelmaß der Franzosen, bedeutete Natur und Natürlichkeit, Sprache des Herzens gegen Künstlichkeit und Norm. Anders freilich als der Stürmer und Dränger Lenz, für den das Charakterindividuum selber und allein die Dramatik bestimmt, sieht der zweiundzwanzigjährige Goethe schärfer, daß in der Kunst der Kulminationspunkt da sei, wo „das Eigentümliche unseres Ichs, die prätendierte Freiheit unseres Willens mit dem notwendigen Gang des Ganzen zusammenstößt." Welche Freiheit der Selbstbestimmung hat das Individuum, das selber Teil einer Natur- und Weltordnung ist? Das ist die Frage. In der Kunst bedeutet das Absage an reglementierende Regeln, Absage an jede Vernünftelei und Freiheit des Genies. Goethe verteidigt aber vehement eine „innere Form" des Kunstwerks, die der sinnvollen Ordnung einer schöpferischen Natur entspricht (hier Spinoza folgend und auch E. Youngs Organismus-Idee („Conjectures on Original Composition", 1759).

Ende 1771 brachte Goethe in kaum sechs Wochen die erste Fassung der „Geschichte Gottfriedens von Berlichingen" zu Papier, ein kraftvoller, ursprünglicher Entwurf, der seinen programmatischen Einsichten entsprach. Goethe hatte um diese Zeit Johann Heinrich Merck kennengelernt, der für diese Phase Goethes Mentor und Kritiker wurde, und verfaßte für die von Merck herausgegebene Zeitschrift „Frankfurter Gelehrte Anzeigen" zahlreiche Rezensionen. In den Rezensionen zu Sulzer und Lavater, auch in dem sogenannten Pindar-Brief (1772 an Herder) wird viel von Goethes Sturm- und Drang-Theorie deutlich. Im Selbstverlag brachten Merck und Goethe 1773 dann die überarbeitete Fassung des „Götz" heraus. Aber vor dieser Überarbeitung kamen noch andere private und berufliche Erfahrungen auf ihn zu.

In Darmstadt lernte er einen Kreis kennen, dem auch einige Hofdamen und Hofräte angehörten. Zu diesem Zirkel gehörte auch Merck. Man förderte in diesem Kreis die Literatur und Sprache der Empfindsamkeit, und zwar der schwärmerischen Art. Es gibt ja auch eine echte Empfindsamkeit ohne exaltierte Gefühlsausbrüche. An diesem Freundschaftskreis nahm Goethe kurzphasig teil, sein gesundes Empfinden ließ ihn aber schon bald zu bissigen Satiren greifen.

Im Mai 1773 ging Goethe nach Wetzlar, um als Praktikant am Reichskammergericht seinen juristischen Horizont zu erweitern, auch hier wiederum auf Veranlassung des Vaters.

Das Reichskammergericht war Oberster Gerichtshof für Streitfälle der Reichsstände untereinander und Appellationsgericht. So hielten sich in der kleinen Stadt von knapp 5000 Einwohnern neben den Beamten und Angestellten der Gerichtsbehörde Hunderte von akkreditierten juristischen Vertretern der deutschen Fürstentümer und Kleinstaaten auf, so auch Johann Christian Kestner, Hannoveraner Legationssekretär, und Carl Wilhelm Jerusalem, braunschweigischer Legationssekretär, beide spielen ja für die „Werther"-Dichtung eine maßgebende Rolle. Goethe lernte denn auch Kestners Verlobte Charlotte Buff kennen, und bald wurde aus dem Kennenlernen Verehrung, Zuneigung und Liebe. Man muß sich freilich hüten, Werthers Lotte und Werther selber total mit Charlotte und Goethe zu identifizieren. Goethe hatte schon anderthalb Jahre Wetzlar verlassen, als er den „Werther" schrieb, und zwar auch aufgrund einer wieder neuen Erfahrung, von der noch zu berichten sein wird. Inzwischen waren auch ganz andere Dichtungen entstanden, die gar nicht in die Werther-Stimmung passen, und offenbar hatte Goethe auch nie die konventionellen Schranken zu den Kestners überschritten. Man schrieb sich auch noch weiterhin. Nur als der „Werther" veröffentlicht wurde, war Kestner verstimmt, da man die Dichtung als Wahrheit auslegen konnte.

Goethe brach schon im September 1772 plötzlich wieder auf und verließ Wetzlar. Er wanderte einige Tage durchs Lahntal und begab sich dann nach Ehrenbreitstein. Dort traf er mit Sophie von La Roche zusammen, die den Briefroman „Geschichte des Fräuleins von Sternheim" verfaßt hatte und die auch mit dem Darmstädter Zirkel Kontakt hatte. Hier ist es die Tochter Maximiliane, die seine Zuneigung gewinnt, und etwas näher müssen die beiden sich wohl gekommen sein, aber die Quellen sind hier recht diskret. Maximiliane heiratete später den Kaufmann Peter Brentano (1774), und Goethe hielt nach der anregenden Zeit bei seiner Gastgeberin noch Kontakt zu den La Roches-Brentanos, der freilich durch die Eifersucht Brentanos zu einem Zerwürfnis zwischen ihm und Goethe führte. Diese Eifersucht soll übrigens wegen der Zuneigung Goethes zu Maximiliane und umgekehrt ihren Grund gehabt haben, aber nicht, weil Goethe sich etwa nicht korrekt verhalten hat. Sohn der Maximiliane und Peter Brentanos ist übrigens der Romantiker Clemens Brentano (*1778).

Goethe kehrte nach Frankfurt zurück, und es mehrten sich seine Sturm-und-Drang-Lieder, die im Frühjahr 1772 schon mit „Wandrers Sturmlied" vor der Wetzlarer Zeit begonnen hatten.

Eines der bekanntesten dieser Lieder ist der „Prometheus":

Prometheus

Bedecke deinen Himmel, Zeus,
Mit Wolkendunst
Und übe, dem Knaben gleich,
Der Disteln köpft,
An Eichen dich und Bergeshöhn;
Mußt mir meine Erde
Doch lassen stehn
Und meine Hütte, die du nicht gebaut,
Und meinen Herd,
Um dessen Glut
Du mich beneidest.

Ich kenne nichts Ärmeres
Unter der Sonn als euch, Götter!
Ihr nähret kümmerlich
Von Opfersteuern
Und Gebetshauch
Eure Majestät
Und darbtet, wären
Nicht Kinder und Bettler
Hoffnungsvolle Toren.

Da ich ein Kind war,
Nicht wußte, wo aus noch ein,
Kehrt ich mein verirrtes Auge
Zur Sonne, als wenn drüber wär
Ein Ohr, zu hören meine Klage,
Ein Herz wie meins,
Sich des Bedrängten zu erbarmen.

Wer half mir
Wider der Titanen Übermut?
Wer rettete vom Tode mich,
Von Sklaverei?
Hast du nicht alles selbst vollendet,
Heilig glühend Herz?
Und glühtest jung und gut,
Betrogen, Rettungsdank
Dem Schlafenden da droben?

Ich dich ehren? Wofür?
Hast du die Schmerzen gelindert
Je des Beladenen?
Hast du die Tränen gestillet
Je des Geängsteten?
Hat nicht mich zum Manne geschmiedet
Die allmächtige Zeit
Und das ewige Schicksal,
Meine Herrn und deine?

Wähntest du etwa,
Ich sollte das Leben hassen,
In Wüsten fliehen,
Weil nicht alle
Blütenträume reiften?

Hier sitz ich, forme Menschen
Nach meinem Bilde,
Ein Geschlecht, das mir gleich sei,
Zu leiden, zu weinen,
Zu genießen und zu freuen sich,
Und dein nicht zu achten,
Wie ich!

In der griechischen Mythologie wird berichtet, daß Prometheus, der Göttersohn, für die Menschen das lebensnotwendige Feuer im Olymp stahl und dafür schrecklich bestraft wurde. Bei Goethe ist Prometheus der Zeus-Sohn, der sich gegen von Göttern verhängtes Schicksal heroisch behaupten will. Nicht generell wird göttliche Macht bestritten („ewige Schicksal"), aber despotischer Machtanspruch, und wohl auch Anklage gegen den christlichen Gott mitgedacht.

Auch das Dramenfragment „Prometheus" stammt aus dem Jahr 1773 und thematisiert auch diesen Freiheitsdrang, dieses Aufbegehren, darüber hinaus wird in einer mythischen Landschaft etwas vom Urzustand der Menschheit dargestellt (Bau der ersten Hütte usw.). Zu den Sturm- und Drang-Liedern dieser Zeit gehören auch „Ganymed", „An Schwager Kronos" und „Mahomets Gesang".

Um diese Zeit aber verfaßte er die Überarbeitung des Götz, und die Veröffentlichung machte ihren Autor mit einem Schlage bekannt.

Götz von Berlichingen

Der früheste Textentwurf, der sogenannte „Urgötz", entstand 1771 mit dem Titel „Geschichte Gottfriedens von Berlichingen mit der eisernen Hand dramatisiert", offenbar in nur 6 Wochen komponiert. Goethe selber empfand den ersten Entwurf als zu skizzenhaft, und Herder drängte ihn zu einer dramaturgisch strengeren Konzeption. Am Inhalt der ersten Akte änderte Goethe nur sporadisch; einige Szenen fallen, so die Reichstagszene im 3. Akt, so ein Dialog zwischen Adelheid und Franz im 4. Akt. Der 5. Akt wurde freilich völlig umgestaltet. Die Zigeuner- und Bauernszenen wurden konzentriert, insbesondere aber wurden die Szenen um Adelheid, die in der 1. Fassung zuviel Gewicht bekommen hatte, gekürzt.

Das Werk bricht radikal mit den Regeln, die die Einheit von Raum, Zeit und Handlung fordern. In mehr als 50 Szenen (die Höchstzahl der Szenenwechsel bei Shakespeare im „Heinrich VI." beträgt 26!) mit immer wieder wechselnden Orten, mit einer unbestimmbar bleibenden Zeitdauer von Monaten oder Jahren, entwickelt sich eine Handlung mit vielen Nebenhandlungen, mit auch sprunghaften, nicht kausal sich ergebenden Folgen. Hauptfigur ist unzweifelhaft Götz, für den der historische Götz (1480–1562) das geschichtliche Vorbild geliefert hat, auch mit seiner Autobiographie, die 1731 von Franck von Steigerwald herausgegeben worden war. Der historische Götz ist freilich nicht in den Bauernkriegen gestorben, sondern im erstaunlichen Alter von 82 Jahren, und hat sicher nicht das Format des Goetheschen Helden gehabt. Der Konflikt der Handlung ergibt sich aus dem Gegenüber von freiem Ritterstand und seinem Freiheitskodex, dessen Zeit zu Ende geht, und der neueren höfisch-feudalen Welt, die eine andere gesellschaftliche und staatliche Verfassung begründet, so sieht es vom äußeren Geschehen her Goethe. Kurz auch gesagt, Konflikt zwischen Faustrecht und geordnetem, aber nivellierendem römischen Recht. Wer freilich nur so argumentiert, übersieht den Konflikt einer inneren Handlung und Dramatik, die in den Charakteren begründet ist. Götzens Freiheitsdrang ist zusammen zu sehen mit seiner persönlichen Redlichkeit, die dadurch zutiefst erschüttert wird, als er sich, um Schlimmeres zu verhüten, an die Spitze rebellierender Bauern stellt, obwohl er Urfehde geschworen hat (d. h. Frieden zu halten). Da liegt die tragische Verfehlung; denn der Fortgang der Handlung bestimmt sich ansonsten, – wie ich meine – von Wortbrüchen an den redlichen Götz. Er liegt (womit der 1. Akt eröffnet) in Fehde mit dem Bamberger Bischof, der ihm einen Burschen gefangengenommen hat. Deshalb nimmt er den Bamberger Weislingen fest, einen alten Jugendfreund, der sich in Götzens Schwester Maria verliebt und verspricht, mit den Bambergern zu brechen. Der schwankende Weislingen, wieder in Bamberg, fällt um und heiratet die verführerische Adelheid. Da die Nürnberger einem der Seinen Unrecht getan haben, zieht Götz gegen deren Kaufleute aus. Er kommt in Reichsacht, wird belagert, nimmt das Angebot des freien Rückzugs an, und – man wird wieder wortbrüchig und nimmt ihn gefangen. Wieder befreit, will er an der Spitze der aufständischen Bauern Ausschreitungen verhindern, wird gefangen und stirbt im Gefängnis.

Das ist – kurz skizziert – die Handlungsfolge, aber welch eine und für die damalige Zeit völlig neue Gestaltung des Ursprünglichen, Naturhaften, Individuellen. Selbst die Nebenfiguren sind mit einer Lebendigkeit und Anschaulichkeit gezeichnet, wie nie zuvor in einem deutschen Schauspiel. Ritter, Bauern, Geistliche, Bürger, Knechte, das gesamte Mittelalter mit seinen Protagonisten und kleinen Leuten tritt auf. Dazu die Sprache in einem volkstümlichen Ton (bewirkt etwa durch Fehlen des Endungs-e = Kirch, Sach; durch Synkopierungen, das heißt Fehlen eines Vokals zwischen Konsonaten = redt, ungrisch; durch nicht flektierte Adjektive = ritterlich Gefängnis usw.)

Goethe interessiert sich für Götz nicht als einem der letzten Vertreter eines aussterbenden Standes (er setzt ihn ja gerade kritisch gegen die Tendenzen der neueren Zeit und damit sicher auch mit all dem Elan des Sturm und Drang und seinem Freiheitsdrang gegen seine Zeit), sondern er erschafft sich mit ihm einen ganzen „Kerl", wie ihn der Sturm und Drang liebte, freiheitsbewußt, mit dem Willen zum unbedingten Leben gegen Reglementierung und Nivellierung, mit innerer Redlichkeit. Götz, der immer wieder Enttäuschte und Getäuschte, kann seinen letzten Schritt gegen das Gesetz nicht mehr verständlich machen, auch darin besteht seine Tragik. Weislingen, sein Gegenspieler, ist ein geradezu moderner Charakter, schwach, aber nicht unsympathisch (vergleichbar Clavigo), eigentlich wissender als Götz, historisch weiterblickend.

Im Oktober 1773 schrieb Goethe an Salzmann, daß die arme Friederike sich etwas trösten werde, wenn sie den untreuen Weislingen vergiftet sehe. So dringen auch hier biographische Züge ein. Insgesamt liegt in dem ganzen Schauspiel und seiner bunten, mannigfaltigen und ganz und gar nicht systematischen Ordnung ein Grundzug drängender, treibender Natur. Realistischer und individuell-volkstümlicher hatte vordem nie eine Tragödie ausgesehen.

Entsprechend war die Aufnahme, von enthusiastischer Zustimmung bis zum kunsttheoretischen Verdikt. Aber mit dem Erscheinen des „Götz" wurde die Welt hellhörig.

Ein Genie hatte begonnen, sich zu räkeln!

Was nun folgte, war in den Jahren 1773–1774 eine unglaubliche Fülle dichterischer Arbeiten. Es gab wohl nie eine ähnlich intensive Schaffensperiode in Goethes Leben, jedenfalls, was die unterschiedlichsten Formen angeht.

Goethe ging nun auf Distanz zu den „Empfindsamen". In teils bissigen Satiren („Götter, Helden und Wieland" u. a.) übte er Kritik an exaltierter Sentimentalität, am unbefangenen Zugriff zur Antike (Wieland), auch an theologischen Fehlentwicklungen.

Der Einfluß der Schwänke von Hans Sachs, der italienischen commedia dell'arte, überhaupt der Lustspieltradition auf den jungen Goethe führte zudem zu einer Fülle von Dramoletten (kurzen, meist einaktigen Bühnenspielen), Farcen usw., in denen er erstaunlich souverän die Klaviatur komisch-parodierender Gestaltung handhabte.

Neben dem lyrisch-musikalischen „Concerto dramatico", das wegen seiner zahlreichen privaten Anspielungen nicht veröffentlicht wurde, entstand 1773 auch „Ein Fastnachtsspiel vom Pater Brey". Anlaß war die Heirat Herders mit Caroline Flachsland, und der hessisch-darmstädtische Prinzenerzieher Franz Michael Leuchsenring, der sowohl das neue Ehepaar als auch Mercks Ehe „beunruhigt" hatte, war der hauptsächlich Attackierte.

„Götter, Helden und Wieland" ist ein den Totengesprächen Lukians nachempfundener Einakter in Prosa und greift Wielands Bearbeitung der „Alkestis" des Euripides an, die der antiken Vorlage hoffnungslos unterlegen sei.

Der „Prolog zu den neuesten Offenbarungen Gottes" ist ein Kleinspiel von 53 Versen gegen den aufklärerischen Theologen Karl Friedrich Bahrdt.

Sprachlich und gedanklich ist „Satyros oder der vergötterte Waldteufel" dem „Prometheus" und auch dem „Urfaust" verwandt, mit einer ambivalenten Perspektive, die das Ursprünglich-Natürliche in seiner kraftvollen Vitalität einerseits betont, andererseits in seiner Hemmungslosigkeit ironisiert.

Den Knittelversschwank „Jahrmarktsfest zu Plundersweilern" von 1773 hat Goethe 1778 noch einmal bearbeitet, wobei das Binnenspiel, (der Angriff gegen die pietistische Vereinseitigung in der Person des frommen Mardochai und gegen den Rationalismus in der Person des ungläubigen Haman) vor dem Hintergrund des Jahrmarktstreibens noch bewußter ironisiert wird.

Bekannt ist auch „Hanswursts Hochzeit“, ein derber Schwank in Knittelversen, der Fragment geblieben ist, mit dem berühmten Schimpfnamenkatalog. Er steht in der Tradition von Rabelais und Fischart. Es fehlt an Raum, alle diese kleinen Werke vorzustellen, teils gehen sie auf zufällige Anregungen zurück wie etwa „Des Künstlers Erdewallen“, bei dem Goethe im Herbst 1773 wohl William Hogarths Kupferstich „The distressed Poet“ vor Augen hatte.

Es ist erstaunlich, daß das alles zu etwa der gleichen Zeit entsteht wie der „Prometheus“, „Werther“, „Clavigo“, „Ganymed“ und die Liebeslyrik dieser Zeit. Diese kleinen Opera sind freilich mehr als nur eine Augenblickslaune. Sein neues Naturempfinden, die schon sehr frühe Erkenntnis von der Polarität der Welt, die das Kleine und Große, das Erhabene und das Lächerliche verbindet, findet hier ihren satirischen Ausdruck. Im Schwank, in der Farce ist aussagbar, was im Briefroman, im Schauspiel nicht möglich ist. Die Ironie der Gegensätze, von der Goethe noch später häufig spricht, findet hier in den kleinen Karikaturen ihren Niederschlag. Vergleichbares findet man durchaus in den Urfaustszenen, an denen Goethe in ersten Entwürfen jetzt schon arbeitet, so etwa in der Schüler-Szene, in der Szene in Auerbachs Keller usw. Auch Mephisto hat Züge des Schalks der Schwanktradition.

Im Frühjahr 1774 schrieb Goethe dann den „Werther“ nieder, anderthalb Jahre nach dem Wetzlarer Erlebnis und inzwischen um einige Erfahrungen reicher.

Die Leiden des jungen Werthers

Goethe hat den 1774 erschienenen Roman in Weimar noch einmal für die Herausgabe seiner Schriften überarbeitet, und in der zweiten Fassung von 1787 wird die Person Alberts sympathischer gezeichnet, er fügt auch hier erst die Episode mit dem Bauernburschen, der seinen Rivalen ermordet, ein, auch einige Spracheigentümlichkeiten des Sturm und Drang werden getilgt, so etwa die Beugung des Eigennamens im Titel.

Was ist nicht alles über den „Werther“ geschrieben worden?

Um es noch einmal zu sagen, die Gleichsetzung von Charlotte = Lotte, Goethe = Werther, Kestner = Albert geht auf keinen Fall glatt auf. Nicht nur, daß die Philologen längst erspürt haben, daß die Lotte im „Werther“ die Augenfarbe von Maximiliane Brentano hat, auch Albert hat sicher eher Züge von Peter Brentano (in der ersten Fassung), mit dem Goethe kurz vor der Niederschrift ein Zerwürfnis hatte.

Tatsächlich geben drei verschiedene Lebenserfahrungen den äußeren und zum guten Teil auch inneren Grund für den „Werther“: der tiefe Eindruck, den Lotte Kestner auf ihn gemacht hat, der Selbstmord Jerusalems wegen einer verheirateten Frau und das Zusammentreffen mit den Brentanos. Dazu kommen Mißvergnüglichkeiten aus seiner ambivalenten Haltung zu dem Zirkel der „Empfindsamen“, sicher auch repräsentiert Werther einen Teil der Persönlichkeit Goethes selber, der seine Grenzen erfahren muß, wenn er im Unbedingten leben will, d. h. den Versuch absoluter Selbstverwirklichung des Individuums, gehalten durch die „fatalen bürgerlichen Verhältnisse“, die Bedingtheiten des Lebens überhaupt.

Der Roman war im 18. Jahrhundert noch eine umstrittene Gattung. Das Drama, die Lyrik und das Epos hatten ihre klassisch-antiken Vorbilder, der Roman stand aber unter dem Verdacht des bloß Unterhaltenden, und eine Flut von ritterlich-abenteuerlichen und erotisch-tändelnden Romanwerken hatte von der Barockzeit an dazu beigetragen, diesen Verdacht zu bestärken. Es waren die Engländer Fielding, Sterne, Goldsmith und Richardson, deren empfindsame (so Goldsmith und Richardson) aber auch ironisierenden Perspektiven (so vor allem Sternes „Tristram Shandy“, ein erzähltechnisches Meisterwerk) die Erzählkunst zu einer ersten Höhe führten. Richardsons Briefromantechnik, von Sophie La Roche in der „Geschichte des Fräuleins von Sternheim“ übernommen, vor allem auch Rousseaus „Julie ou La nouvelle Heloise“ (Julie oder Die neue Heloise) von 1761 bereiteten den Boden für den „Werther“, Goethe geht freilich erzähltechnisch einen Schritt weiter, da wir keine Antwortbriefe abgedruckt sehen, sondern nur eine Folge von Briefen des Helden, was einerseits den Leser selber zum fast unmerklichen Ansprechpartner macht, andererseits die Unmittelbarkeit der subjektiven Aussagen fiktiv verstärkt. Ganz am Schluß übernimmt dann ein fiktiver Herausgeber die Erzählerrolle, das Ende wird sachlich-distanzierend dadurch noch beeindruckender.

Die Empfindungen Werthers finden ihre Entsprechung in der Natur und in den literarischen Gestaltungen der Natur. So ist die

Natur ruhig, idyllisch, klar geordnet sind auch die Wahrnehmungen, wenn Werther eine entsprechende Stimmung hat, und er liest dann Passagen aus Homer. In Momenten starker und enthusiastischer Empfindung wird Klopstock zitiert, und – vor allem im zweiten Teil des „Werther" –, wenn er melancholisch, schwermütig und unglücklich ist, dann ist auch die Natur beunruhigend, und es mehren sich die „Ossian"-Passagen, gegen Ende immer ausführlicher.

Kunstvoll sind in den Fortgang der Handlung in kleinen Episoden verweisende Motive eingebaut, so die Selbstmörderin-Passage im ersten Buch, die Geschichte des Bauernburschen, die Episode mit dem verrückten Blumensucher.

Der „Werther" markiert auch den Unterschied zwischen schwärmerischer Sentimentalität und echter Empfindung in der Sprache. Wenn man etwa einen Brief Lavaters an Herder vom 10. 11. 1772 („Itzt, Freund, kann ich nicht antworten – aber schreiben muß ich – und wollte lieber weinen – hinübergeisten – zerfließen – an Deiner Brust liegen . . .") oder Wielands an Lavater vom 4. 3. 1776 („Könnte ich nur drei Wochen bei Ihnen sein! Aber ich fühl' es voraus, Sie würden mir zu lieb werden. Ich würde im eigentlichen Sinne vor Liebe krank werden; und sterben, wenn ich Sie wieder verlassen müßte . . .") vergleicht mit einem beliebigen Satz aus dem „Werther", dann merkt man den Unterschied, der in der Echtheit, dem Ernst und der nicht-exaltierten Sprache Werthers liegt. Wielands und Lavaters Gemütsempfindungen sind unecht (Wieland denkt nicht daran, sich wirklich umzubringen!), gar nicht ernstgemeint und waren damals Mode bei den sogenannten „Empfindsamen". Goethe hat den überschwenglichsten Teil der Empfindungen Werthers teils quasi literarisiert, nämlich in den Ossian- und Klopstock-Passagen, immer aber sind auch die empfindsamsten Sprachwendungen von konsequentem tragischen Ernst.

Überhaupt ist es neu, daß Goethe das tragische Scheitern nicht in der Darstellungsform des Dramas, der Tragödie vorstellt. Der Roman galt eigentlich als die nicht dem Tragischen angemessene Form.

Goethe überzeugte die Mit- und Nachwelt vom Gegenteil. Werthers tragisches Scheitern liegt darin begründet, daß er im Unbedingten leben will, das will sagen, daß das Leben in seinen einschränkenden Bedingungen für ihn nicht mehr lebenswert ist, wenn ihm die geglückte Harmonie mit sich und den anderen versagt ist. Seine hochfliegenden Sehnsüchte nach der Erfüllung in Liebe und Leben kann er nicht zurücknehmen, ohne seine Identität zu verlieren. Er sucht das Absolute und scheitert an der Relativität des Lebens. Goethe selber hat später gelernt, die Bedingtheiten des privaten und gesellschaftlichen Zusammenlebens als Herausforderung für seine Tätigkeit anzusehen, aber der „Werther" verkörpert wohl eine Seite, einen Aspekt seiner Persönlichkeit. Im „Werther" ist zu Ende geführt, was Goethe persönlich in den nächsten Jahren versucht hat, zu bewältigen und auf die Probe zu stellen.

Zur Herbstmesse 1774 erschien der „Werther" und verursachte eine Sensation. Das Buch wurde das, was man heute einen Bestseller nennen würde. Es wurde Mode, sich wie Werther zu kleiden, „Werther"-Passagen in gebildeten Zirkeln zu zitieren, es fehlte auch nicht an „nachempfundenen" Selbstmorden, es fehlte freilich auch nicht an kritischen Stimmen gegen die „Unmoral" des Stücks. Der Erfolg aber war überwältigend! Ein Genie hatte die Bühne der Welt betreten!

Unmittelbar nach dem „Werther" muß er den „Clavigo" geschrieben haben, der schon im August 1774 uraufgeführt wurde, mit dem das Lesepublikum aber wenig anfangen konnte.

Beaumarchais hatte im Februar 1774 die vierte seiner Memoiren veröffentlicht. Bekannter als durch diese Memoiren ist Beaumarchais durch sein Libretto zum „Barbier von Sevilla" und auch zu „Figaros Hochzeit" geworden. In dieser vierten seiner Memoiren („Fragment de mon voyage d'Espagne") erzählt Beaumarchais von seinem Bemühen, die Ehre seiner Schwester, die vor der Heirat von dem königlichen Archivar Clavijo sitzengelassen worden war, wieder herzustellen.

Clavigo

Goethe dramatisierte nach der Lektüre des vierten Bandes der Erinnerungen Beaumarchais' „Quatrième mémoire à consulter pour Pierre Augûstin Caron de Beaumarchais" den Text in einem kompletten Fünfakter, dicht gedrängt und konzentriert auf die entscheidende tragische Verknüpfung der in der Vergangenheit zurückliegenden Treulosigkeit aufgrund eines gebrochenen Heiratsversprechens. Beaumarchais will Clavigo zu einem öffentlichen Schuldbekenntnis zwingen, aber der bereut ernsthaft und erfleht und erhält Mariens Vergebung. Dann kommt der entscheidende Wendepunkt: sein Freund Carlos führt Clavigo das voraussichtliche Scheitern seiner für ihn persönlich lebenswichtigen Pläne vor, wenn er Marie heiratet. Clavigo schwankt – und zieht sich ein zweitesmal von Marie zurück. Viele Interpreten übersehen an dieser Stelle, daß Clavigo von Mitleid spricht, nicht von Liebe, was ihn erneut zu Marie hingezogen hat. Das aber ist für die Begründung einer echten tragischen Konstellation entscheidend und unverzichtbar. Dieses Stück um Ehre, Konvention, Liebe, Mitleid und Schwäche des Menschen endet tragisch mit der Erkrankung von Marie und ihrem Tod, was wiederum echte Erschütterung bei Clavigo hervorruft, der an ihrer Bahre durch den Degen Beaumarchais' den Tod findet.

Ähnlich wie auch Weislingen ist Clavigo ein schwacher Charakter, aber alles andere als ein gänzlich unsympathischer Mensch. Seine doppelte Treulosigkeit gegenüber Marie bedeutet doppelte Schuld, zweifellos. Aber der Clavigo in Goethes Trauerspiel ist nicht einfach als ehrloser Karrierist oder herzloser Bösewicht dargestellt. Er ist ein hochbegabter, durchaus sympathischer Mensch, und seine Empfindung von Schuld und Zuneigung gegenüber Marie ist echt. (Sicher mögen hier auch autobiographische Züge eine Rolle spielen in der Erinnerung an Friederike.) Clavigo ist damit ein sogenannter „mittlerer" Charakter, kein Heros einer Tragödie, damit uns aber menschlich vertrauter und insgesamt realistischer.

Wenn wir ferner voraussetzen, daß es Mitleid (!), nicht Liebe ist, die Clavigo (wenigstens in dieser Phase des Stücks) sich wieder Marie zuwenden läßt, dann ist seine Entscheidung nicht einfach die eines reinen Karrieristen, sondern hat in diesem vom Ehrbegriff und von Konvention geprägten Rahmen ein ganz individuell-persönliches Gewicht. Beaumarchais ist aus seiner Sicht im Recht, aber sein fanatischer Ehrbegriff nimmt wiederum nicht genug Rücksicht auf Marie selber, was ihm Sophie mit Recht vorwirft. (Der historische Beaumarchais war wohl eher ein geschäftstüchtiger Hans Dampf in allen Gassen, und die wirkliche Affäre ging aus wie das Hornberger Schießen. Beaumarchais konnte zunächst Clavijos vorübergehenden Verlust seiner Position erreichen, aber Clavijo avancierte schon recht bald zum Direktor des Königlichen Theaters in Madrid und ließ u.a. den „Barbier von Sevilla" von Beaumarchais aufführen.) Clavigo wird da zum tragischen Charakter, wo seine Ehre (in der Verpflichtung gegenüber Marie) und sein persönlicher Anspruch (der sein zu können, der er werden kann), d.h. also seine Individualität kollidieren. Erst in der fast visionären Schlußszene begreift er, daß seine Selbstverwirklichung ohne Marie nicht gelingen kann.

Diese Schlußszene läßt die meisten Interpreten ratlos. Sie hat Vorgänger struktureller Art in der Tragödientradition, scheint aber auf den ersten Blick unrealistisch und wie aufgesetzt. Aber diese Szene hat etwas von der Schlußszene des „Egmont". Gerade die Emphase dieses letzten Auftritts ist notwendig, um zu zeigen, daß sich Clavigo durchgerungen hat zum Unbedingten (vergleichbar Werther). Er läßt ausschließlich sein Herz sprechen, und damit erhält dieser Schluß einen utopisch-visionären Akzent. Er entspricht in seiner radikalen Entscheidung dem „Werther"-Schluß. Beaumarchais hat übrigens die Uraufführung im August 1774 inkognito gesehen!

Goethes Name war nun in aller Munde. Nicht nur der berühmte Klopstock suchte ihn für einige Tage in Frankfurt auf, auch die Brüder Stolberg, Gottfried August Bürger, Heinrich Wilhelm von Gerstenberg, Friedrich Maximilian Klinger und andere traten mit ihm in Verbindung. Wieland hatte auf die Attacke Goethes („Götter, Helden und Wieland") generös reagiert, und sie wurden bald Freunde. Auch mit den Jacobis entwickelten sich freundschaftliche Bande. Im Sommer 1774 unternahm Goethe mit Johann Kaspar Lavater und dem Reformpädagogen Basedow eine Lahn- und Rheinfahrt. Lavater war ein Zürcher Geistlicher, der physiognomische Studien trieb. Seine „Physiognomischen Fragmente" in vier Bänden hatten einen großen Publikumserfolg; die vielen Silhouetten und Kupferstiche luden die Leser ein, selber Charakterstudien zu treiben aufgrund der Gesichtszüge der Abgebildeten.

In „Dichtung und Wahrheit" nannte Goethe diese anregende Reise „genialisch-toll". Ein hübscher Vers von dieser Fahrt nimmt das theologische Disputieren und Spintisieren seiner beiden Fahrtgenossen aufs Korn:

„Prophete rechts, Prophete links,
Das Weltkind in der Mitten."

Sie besuchten dann die Jacobis in Düsseldorf, trafen auch Heinse und kehrten angeregt nach Hause zurück.

1775 war das Jahr einer neuen leidenschaftlichen Liebe, der zu Lili Schönemann, der 16jährigen Tochter eines Handelsmannes. Ihr Verhältnis führte zu einer regelrechten Verlobung, aber auch hier spielten gleich Schwierigkeiten mit (Lilis Familie war von reformiertem Bekenntnis, Goethes Lebensstil dem Lilis zu ungleich), dennoch resümiert noch der späte Goethe über die Stärke dieser Liebesbeziehung. Als er schwankend wurde, ob die Bindung für ihn in seiner jetzigen künstlerischen und persönlichen Entwicklung richtig war, nahm er, gewissermaßen auf Probe, eine Einladung der Brüder Stolberg zu einer Schweiz-Reise an. In dem Schauspiel „Stella" (aus dieser Zeit) stehen Zeilen, die seinen Zustand verdeutlichen: „Dieser Zustand raubt mir allen Mut der Seele; er engt mich ein! . . .Ich muß fort . . ."

In der Schweiz trafen sie Bodmer, Breitinger, Geßner, aber Goethe war den Schweizern zu verschieden, als daß es hier über bloßes Kennenlernen hinausgelangen konnte.

Nach der Rückkehr die gleiche schwankende Situation, was Lili betraf. Sie drückt sich auch in den sogenannten Lili-Gedichten aus.

Neue Liebe, neues Leben

Herz, mein Herz, was soll das geben?
Was bedränget dich so sehr?
Welch ein fremdes, neues Leben!
Ich erkenne dich nicht mehr.
Weg ist alles, was du liebtest,
Weg, warum du dich betrübtest,
Weg dein Fleiß und deine Ruh –
Ach, wie kamst du nur dazu!

Fesselt dich die Jugendblüte,
Diese liebliche Gestalt,
Dieser Blick voll Treu und Güte
Mit unendlicher Gewalt?
Will ich rasch mich ihr entziehen,
Mich ermannen, ihr entfliehen,
Führet mich im Augenblick,
Ach, mein Weg zu ihr zurück.

Und an diesem Zauberfädchen,
Das sich nicht zerreißen läßt,
Hält das liebe, lose Mädchen
Mich so wider Willen fest;
Muß in ihrem Zauberkreise
Leben nun auf ihre Weise.
Die Verändrung, ach wie groß!
Liebe! Liebe! laß mich los!

An Belinden

Warum ziehst du mich unwiderstehlich,
Ach, in jene Pracht?
War ich guter Junge nicht so selig
In der öden Nacht?

Heimlich in mein Zimmerchen verschlossen,
Lag im Mondenschein,
Ganz von seinem Schauerlicht umflossen,
Und ich dämmert' ein;

Träumte da von vollen goldnen Stunden
Ungemischter Lust,
Hatte schon dein liebes Bild empfunden
Tief in meiner Brust.

Bin ichs noch, den du bei so viel Lichtern
An dem Spieltisch hältst?
Oft so unerträglichen Gesichtern
Gegenüberstellst?

Reizender ist mir des Frühlings Blüte
Nun nicht auf der Flur:
Wo du, Engel, bist, ist Lieb und Güte,
Wo du bist, Natur.

Hier klingt etwas vo den Reserven Goethes gegen das gesellige Treiben der feinen Kreise um Lili an („Welch ein fremdes, neues Leben"; „. .den du bei so viel Lichtern an dem Spieltisch hältst?") Offenbar waren die Festlichkeiten, Soireen nicht nach dem Geschmack des „Götz"- und „Werther"-Autors. Zweifellos war er aber gleichzeitig völlig angezogen von der jugendlichen Schönheit Lilis.

In der Schweiz war auch „Auf dem See" entstanden, die mittlere Strophe gibt die Erinnerung wohl an Lili wieder („Goldne Träume, kommt ihr wieder?") und die entschlossene Zuwendung zum Augenblick („frische Nahrung"), in sensibler Beobachtung nimmt er das anregende Naturschauspiel wahr.

Auf dem See

Und frische Nahrung, neues Blut
Saug ich aus freier Welt;
Wie ist Natur so hold und gut,
Die mich am Busen hält!
Die Welle wieget unsern Kahn
Im Rudertakt hinauf,
Und Berge, wolkig himmelan,
Begegnen unserm Lauf.

Auf, mein Aug, was sinkst du nieder?
Goldne Träume, kommt ihr wieder?
Weg, du Traum! so gold du bist;
Hier auch Lieb und Leben ist.

Auf der Welle blinken
Tausend schwebende Sterne,
Weiche Nebel trinken
Rings die türmende Ferne;
Morgenwind umflügelt
Die beschattete Bucht,
Und im See bespiegelt
Sich die reifende Frucht.
(nach der späteren Fassung)

Um diese Zeit entstanden auch einige Singspiele, deren musikalische Bearbeitung durch Reichardt, André und andere erst einige Jahre später erfolgte. „Claudine von Villa Bella“ ist ein Schauspiel mit Gesang in der Singspieltradition der französischen Operette. Es ist eines seiner schönsten. Goethe hat sich ja später besonders auch in Weimar mit dem Entwurf solcher Texte beschäftigt, um zu festlichen Angelegenheiten selber Theateraufführungen zu arrangieren. Hier hat er eine „romantische“ Handlung mit „Vagabundischem“ vermischt. Es gibt das aus der Tradition vertraute rivalisierende Brüderpaar mit dem empfindsamen Pedro und dem edlen Räuber Crugantino. Dazu die kleinen Intrigen der Nichten, die Verwechslungen, vor allem auch die herrlichen Lieder, alles teils übermütig-leicht, teils leidenschaftlich. In einer späteren zweiten Fassung geht ein Teil dieses Ursprünglichen verloren, wenn nach den Formgesetzen der Opera buffa Crugantino etwa seine Lucinde zu bekommen hat.

Auch „Erwin und Elmire“ ist ein Schauspiel mit Gesang. Einer ersten Fassung ist bezeichnenderweise ein Widmungsgedicht an Belinde (Lili) zugefügt. Elmire hat durch gespielte Gleichgültigkeit den Dichter Erwin (Goethe?) zur Verzweiflung gebracht, der sich an einen unbekannten Ort begibt. Die kummervolle Elmire wird zu einem Eremiten geführt (der in Wirklichkeit Erwin ist), sie gesteht ihre Liebe zu Erwin, und er gibt sich zu erkennen. Happy end! Johann André hat die Lieder vertont, zu seiner Zeit war das Stück ein sehr beliebtes Singspiel.

1775 entstand auch „Stella. Ein Schauspiel für Liebende“ und löste 1776 nach der Aufführung einen Skandal aus.

Stella

Das Schauspiel hat eine analytische Struktur, da erst im Fortgang der Handlung immer mehr von den entscheidenden Geschehnissen in der Vergangenheit deutlich wird, welche den Konflikt der laufenden Handlung bestimmen. Das ist vergleichbar der Struktur der „Ödipus“-Handlung oder (in der komödienhaften Version der Struktur) der des „Zerbrochenen Krugs“, wo man ja auch erst im Fortgang der Handlung immer mehr von dem Vergangenheitsgeschehen analysieren kann. Fernando hat vor langen Jahren Cäcilie geliebt und geheiratet. Dann verläßt er sie, als er Stella kennenlernt. Die beiden leben einige Jahre zusammen, bis Fernando sich wieder zu seiner Frau hingezogen fühlt, die er vergeblich wiederzufinden sucht. Er tut Dienst als Soldat, bis es ihn wieder zu Stella zieht.

Hier setzt das Schauspiel ein. Es trifft nämlich nicht nur Fernando ein, sondern auch Cäcilie kommt mit ihrer Tochter, die sich als Gesellschafterin bei Stella bewerben soll (natürlich in Unkenntnis, wer Stella ist). Nun kommt es zu wechselseitigem Wiedersehen, Fernando schwankt unglücklich in seiner Zuneigung zu beiden Frauen, bis die reife Cäcilie, die wie auch Stella Fernando immer noch liebt, die Geschichte des Grafen von Gleichen erzählt, der auch eine Ehe zu Dritt führte. Und das ist auch die Lösung des Konflikts am Schluß. Kein Zweifel, daß das einen Eklat hervorrufen mußte. Es war riskant, das Stück irgendwo aufzuführen. Goethe hat später (1806) eine tragische Version verfaßt, mit dem Freitod von Stella und Fernando.

Mit Fernando erscheint erneut eine Weislingen- bzw. Clavigo-Figur auf der Bühne. Er ist persönlich labil, aber seine Zuneigung zu beiden Frauen echt. Echt ist auch die jeweilige Zuneigung der beiden Frauen zu Fernando, und in der Unbedingtheit der Liebe der drei zueinander ist durchaus eine wirkliche tragische Situation grundgelegt. Nur ist die Konfliktlösung in der ersten Fassung nicht stimmig, und zwar dramaturgisch gesehen. Die meisterhafte Exposition im ersten Akt ist ambivalent und könnte wohl zu einem Lustspiel wie die „Minna von Barnhelm" führen wie auch zu einer tragischen Bewährung zu dritt. So aber kommt es *formal* zu einem Komödienschluß mit einer heikel-brisanten Pointe. Und den verträgt die sich tragisch zuspitzende Entwicklung in den Folgeakten nicht, wenn übrigens auch der Zuschauer immer mehr von der Vergangenheit erfahren hat! Dem Ansatz zu einer „Minna von Barnhelm" entspricht – wie ich meine –, die distanzierende Ironie, die sich in den Personen der Postmeisterin und auch Cäcilies gegenüber den Empfindsamen (Stella) und „Stürmern" (Fernando) ausdrückt.

Die „Stella" hätte die Goethesche „Minna" sein können, nur frecher wäre sie gewesen! (Die Interpretationen in der Forschungsliteratur darf man freilich nicht lesen, die sehen vieles wieder mal anders.)

Im Herbst 1775 folgte die Trennung von Lili Schönemann. Kurz darauf kam ein entscheidender Wendepunkt in Goethes Leben. Im Dezember 1774 hatte er schon den Erbprinzen und späteren Herzog Carl August von Sachsen-Weimar-Eisenach kennengelernt. In Begleitung des Kammerherrn von Knebel hatte er Goethe auf seiner Reise nach Paris besucht. Nun kam der Erbprinz erneut wegen seiner Vermählung mit der Prinzessin von Hessen-Darmstadt über Frankfurt und lud Goethe ein, für einige Zeit nach Weimar zu kommen. Goethe ging auf die Einladung ein.

Aufregung gab es dann aber doch noch, als der Kammerjunker mit der Reisekutsche ausblieb, die ihn abholen sollte. Der Vater überredete Goethe, doch lieber eine Bildungsreise nach Italien anzutreten, wie Johann Caspar sie auch selber angetreten hatte, und Goethe brach tatsächlich am 30. 10. 1775 nach Italien auf. Da erreichte ihn in Heidelberg die Nachricht, daß die Weimarer Kutsche in Frankfurt sei.

Nun hieß es, sich entscheiden zu müssen, und Goethe entschied sich für Weimar. Er konnte nicht ahnen, daß er dort bis zu seinem Lebensende – natürlich abgesehen von den Reisen, die er unternahm – bleiben würde.

Am 7. 11. 1775 kam Goethe in Weimar an.

III. Das Land der Griechen mit der Seele suchend

Das erste Weimarer Jahrzehnt und die Reise nach Italien

(1775–1788)

Die Stadt Weimar zählte damals etwas mehr als 6000 Einwohner, das gesamte Herzogtum mit allen dazugehörigen Ortschaften zwischen Thüringen und dem Harz zählte keine 110 000 Einwohner.

1775 hatte Carl August die Herrschaft angetreten, vordem hatte Herzogin Anna Amalia nach dem frühen Tod ihres Gatten 17 Jahre lang regiert, und zwar als allerseits anerkannte und respektierte Fürstin, der es 1772 auch gelungen war, Wieland als Prinzenerzieher zum Weimarer Hof zu holen. Das Schloß war 1774 nach einem Blitzschlag abgebrannt und damit auch Weimars erstes Theater, das im Ostflügel eingerichtet war. Die herzogliche Familie wohnte bis 1803 im sogenannten Landschaftshaus, das für die Ständevertretung gebaut worden war. Daß es eine Vertretung der Stände gab, änderte nichts an der absolutistischen Souveränität des Fürsten in Weimar und anderenorts.

Der junge Herzog brachte dem inzwischen berühmten Dichter offensichtlich viel Zuneigung entgegen, und die beiden wurden rasch sehr vertraut, so daß bald in Weimar über das lebenslustige Treiben geklatscht wurde. Scharfe Parforcejagden in der schönen Umgebung Weimars, nächtliches Kampieren unter freiem Himmel, auch ausgelassene Zechereien und Feiern mit – wen wundert es! – Mädchen der Dorfbevölkerung. Das machte die Runde in Weimar und auch woanders. Kammerherr von Seckendorff äußerte sich privat sehr konsterniert, selbst Klopstock aus Hamburg fühlte sich bemüßigt, wegen der Gerüchte einen freundschaftlich-mahnenden Brief an Goethe zu schreiben. Goethes Antwort war unmißverständlich: „Verschonen Sie uns ins Künftige mit solchen Briefen . . .“; Klopstock aber war für immer eingeschnappt.

In Wirklichkeit hatte Goethe einen guten und fördernden Einfluß auf den jungen Herzog, wie Eingeweihte berichten, und Goethe selber machte sich immer mehr mit dem Gedanken vertraut, eine aktiv-praktische Aufgabe und berufliche Verantwortung zu übernehmen. Es zeigt das Selbstbewußtsein und auch die treffende Beurteilungsgabe des jungen Herzogs, daß er Goethe gegen den Willen des Freiherrn von Fritsch, des leitenden Kabinettsministers, im Juni 1776 als Geheimen Legationsrat ins Kabinett berief, ins sogenannte „Geheime Conseil“ (Consilium = Rat), dem drei Geheime Räte angehörten, neben Fritsch noch Schnauß und nun Goethe.

Und der gelernte Jurist Goethe enttäuschte das Vertrauen des Herzogs nicht, obwohl er keine Erfahrung in Staatsgeschäften vorweisen konnte und die übliche Laufbahn etwa über die Stelle eines Amtmanns, eines Regierungsrates usw. einfach übersprungen hatte. Goethe kam nun mit fast allen anfallenden Staatsgeschäften in Berührung, bereitete sich sorgfältig für die Kabinettsbesprechungen vor, übernahm die Bergwerkskommission, später die Kriegskommission (verantwortlich für die Soldaten des Herzogtums), die Leitung des Wegebaus, 1782 leitete er die Kammer, das heißt die Finanzbehörde.

Goethe nahm diese Herausforderung verantwortlicher politisch-praktischer Tätigkeit offenbar bewußt auf sich, wie auch seine Briefe und Tagebuchnotizen beweisen. Es mag verwundern, daß ein Dichter auf einer ersten Höhe seines Ruhms sich so verpflichtet. Hier klingt ein Thema an, das später im „Tasso“, im „Wilhelm Meister“ eine Rolle spielen wird, der Versuch, alle seine schöpferischen Kräfte auszubilden ohne Vereinseitigung, immer wieder neu zu lernen, im Umgang mit den Menschen und Dingen den Blick zu schärfen und zu vervollkommnen. Er mag auch die Gefahr des „untätigen“ Lebens gespürt haben, will aber auf jeden Fall das ganze Leben kennenlernen.

Kennengelernt hatte er schon im ersten Weimarer Jahr die Hofdame Charlotte von Stein. Diese Frau, kalvinistisch erzogen, häufiger krank und wohl in einer Ehe ohne große Zuneigung mit dem herzoglichen Stallmeister Josias von Stein, machte auf Goethe und auch auf andere Zeitgenossen den Eindruck großer Abgeklärtheit, Kultiviertheit und Selbstdisziplin. Es entstand eine intensive Seelenfreundschaft (mehr hat es zwischen den beiden nie gegeben!), und die sieben Jahre ältere Frau übte auf Goethe in den Folgejahren einen mäßigenden, harmonisierenden Einfluß aus. In zahlreichen Briefen, Billets an die von ihm verehrte Frau von Stein drückte sich das aus, was man auch dem Gedicht vom April 1776 entnehmen kann, das er ihr widmete: „Warum gabst du uns die tiefen Blicke“, und in dem er von ihrer Seelenverwandtschaft spricht, von dem Ideal des Maßvoll-Schönen, das er als Suchender brauchte.

Daß seine ganze Natur nach den bewegten Jugendjahren zur Klarheit und inneren Ruhe drängte, zeigt auch „Wandrers Nachtlied“ aus dieser Zeit (Febr. 1776):

„Der du von dem Himmel bist,
Alle Freud und Schmerzen stillest,
Den, der doppelt elend ist,
Doppelt mit Erquickung füllest.
Ach, ich bin des Treibens müde!
Was soll all die Qual und Lust.
Süßer Friede,
Komm, ach komm in meine Brust!"

Frau von Stein war sicher eine Dame im besten Sinne des Wortes, lebenserfahren, klug, kultiviert, und sie hat für die Phase, die Goethe in Weimar bis zur Italienischen Reise verbrachte, einen bedeutsamen Einfluß gehabt. Aber eben so sicher scheint zu sein, daß sie, die das Gespräch mit dem großen Dichter schätzte und ihm Zuneigung entgegenbrachte, nicht frei von Egoismus in dieser Beziehung war und etwas von der Leonore Sanvitale im „Tasso" an sich hatte, welche das dichterische Lob gerne entgegennahm. Später, als Goethe die junge Christiane Vulpius zu sich nimmt, ist sie zutiefst verletzt, auch schon, als er ohne Abschied nach Italien fährt. Hier reagiert sie wie eine Eifersüchtige. Man muß freilich sagen, daß Goethes Verehrung ihr wie eine vollkommene geistige Verwandtschaft vorkommen mußte und sie insofern sich getäuscht fühlte. Dennoch! Ganz so reif war ihre Persönlichkeit denn wohl nicht!

Um es gleich vorwegzunehmen, bis zur Italienischen Reise (1786–1788), also fast zwölf Jahre lang, hat Goethe keine seiner größeren Dichtungen vollendet, so daß man den Eindruck gewinnen könnte, unter dem Druck der Alltagsgeschäfte habe nun seine dichterisch-schöpferische Arbeit leiden müssen. Freilich zog er sich immer wieder in sein Gartenhaus an der Ilm außerhalb Weimars zurück. Zwar hat er tatsächlich keinen seiner großen Entwürfe abgeschlossen, aber immerhin sind hier die Prosafassung der „Iphigenie", die ersten Arbeiten am „Tasso", am „Egmont" und an „Wilhelm Meisters theatralische Sendung" entstanden, auch viele bekanntgewordene Gedichte, so daß das erste Weimarer Jahrzehnt keineswegs „unfruchtbar" zu nennen ist. Und man darf auch nicht die kleineren Singspiele und Schauspiele unterschlagen, die häufig für das Theater in Weimar komponiert wurden.

1776 entstand das Schauspiel „Die Geschwister". Wilhelm, ein Kaufmann, hat die Tochter seiner ehemaligen Geliebten in sein Haus aufgenommen und heranwachsen lassen. Das Mädchen hält ihn für ihren Bruder, dem ihre ganze Zuneigung gilt. Die Werbung eines anderen schließlich drängt zur Erklärung und ermöglicht die glückliche Ehe der beiden „Geschwister".

Auch hier spielt wohl das Geschwistersein, von dem Goethe selber spricht, wenn er die Beziehung zur Frau von Stein benennen will, eine biographische Rolle. Der Einakter entspricht in der gespielten Zeit fast realistisch der tatsächlichen, die Zuschauer sind durch die Exposition informierter als die handelnden Personen, die Lösung wird durch die Charakterzeichnung plausibel, die Sprache ist einfach und ungekünstelt, empfindsam im guten Sinn.

Für den Geburtstag der Herzogin Luise verfaßte Goethe das Singspiel „Lila", das nur bruchstückhaft erhalten ist; eine zweite Fassung von 1788 zeigt, wie die Titelfigur Lila nach dem Tod ihres Geliebten in Schwermut versinkt, aus der sie mit anregenden Gesängen befreit wird. Zum folgenden Geburtstag der Herzogin entstand 1778 „Triumph der Empfindsamkeit", eine Satire der Naturschwärmerei. Im vierten Akt ist ein Monodrama eingefügt (wo nur eine handelnde Person auftritt, in diesem Falle Proserpina), in dem die Heldin ihr Schicksal betrauert, da sie in die Unterwelt entführt worden ist. Goethe ließ die „Proserpina" schon 1778 als Einzelstück im „Teutschen Merkur" drucken, aber innerhalb der ursprünglichen Konstellation im „Triumph der Empfindsamkeit" hat das Monodrama seine Funktion, tatsächlich wahres Gefühl (der Proserpina) gegen die übersteigerte Empfindsamkeit und Schwärmerei zu setzen.

1779 lag das Singspiel „Jery und Bäteli" vor. Das Bauernmädchen Bäteli stichelt den tolpatschigen, aber braven Jery, bis Thomas auftaucht, der zu selbstsicher vorgeht, von Bäteli abgewiesen wird und daraufhin randaliert. Jery kommt, prügelt sich mit Thomas, unterliegt zwar, wird aber Bäteli sympathisch, und sie erhört ihn. Das Ganze mit kleinen Liedern arrangiert!

„Die Fischerin" (1782) ist ein kleines Festspiel, geplant für die Aufführung im Park bei Tiefurt, mit Fackeln und Feuerspiel.

Auch zwei kleinere Reisen, in den Harz und die Schweiz, unternahm Goethe, sonst begab er sich kaum einmal aus dem Herzogtum heraus.

1780 schrieb Goethe sein wohl bekanntestes Gedicht bei einer Wanderung auf den Kickelhahn an die Wand einer Jagdhütte:

„Über allen Gipfeln
Ist Ruh,
In allen Wipfeln
Spürest Du

Kaum einen Hauch;
Die Vögelein schweigen im Walde.
Warte nur! Balde
Ruhest Du auch."

Hier drückt sich die Erfahrung der Ruhe für den unruhig suchenden Menschen als Teil einer organischen Natur aus, in einem ruhig laufenden variierten Rhythmus. Man darf das Gedicht nur nicht einem Philologen zur Interpretation überlassen, sonst kommt es leicht zu einem Verkennen der dichterischen Situation wie in der folgenden: „Solange Unterdrückung, Unrecht und Not Empörung und eingreifende Tätigkeit fordern, kann der Mensch nicht ruhig sein und sich auch nicht dem Glück der Ruhe über allen Gipfeln überlassen." (Conrady I, S. 407).

1782 wurde Goethe von Kaiser Franz Joseph II. geadelt und hieß von nun an Johann Wolfgang von Goethe. Wichtig insgesamt in dieser Zeit waren für Goethe die naturwissenschaftlichen Studien. Seine Bergwerksinspektion in Ilmenau förderte schon sein geologisches Interesse, dazu kam sein Interesse für Botanik (hier war besonders der Einfluß des schwedischen Naturforschers Linné wichtig für ihn). Im März 1784 führten seine Studien ihn zu einer Entdeckung, er fand den Zwischenkieferknochen auch beim Menschen. Dieser ist beim Menschen nur noch im embryonalen Stadium vorhanden, ein besonderer Knochen, der im mittleren Teil des Oberkiefers bei Säugetieren die Schneidezähne trägt. Das bestätigte seine Auffassung von der Verwandtschaft aller Lebewesen.

Unvollendet blieb „Scherz, List und Rache" aus dieser Zeit, geplant als Opera buffa, wozu Christoph Kayser die Musik schreiben sollte. Nach der Aufführung von Mozarts „Entführung aus dem Serail", die Goethe sehr beeindruckte, gab er den Plan auf. Schade, daß es nicht zu einem Zusammenwirken der beiden Genies gekommen ist wie später ansatzweise mit Beethoven und dessen Musik zum „Egmont"! Unvollendet war auch der „Elpenor" geblieben, in rhythmischer Prosa von 1781. Elpenor gerät als Sohn des Königs Lykus in eine ähnliche tragische Rolle wie Orest.

Für das Theater in Weimar gelang es ihm, die Sängerin und Schauspielerin Corona Schröter zu gewinnen, die dort große Triumphe feierte.

Im Sommer 1785 reiste Goethe zum erstenmal nach Karlsbad zur Kur, es gab manche gesellschaftliche Begegnung, so etwa mit Graf Moritz Brühl und seiner Frau Tina. 1786 wiederholte er die

Kurreise, diesmal mit dem Herzog, Frau v. Stein und Herder. Offensichtlich war Goethe in einer persönlichen Krise seines Lebens, brauchte Abstand zu neuer schöpferischer Kreativität, wollte auch Zeit haben, um die Herausgabe seiner Schriften für den Verleger Göschen vorzubereiten. Auf jeden Fall bat er den Herzog um unbestimmten Urlaub, und ohne Frau v. Stein ein Wort von seinen Plänen zu sagen, verließ er am 3. 9. 1786 Karlsbad um drei Uhr morgens früh in Richtung Italien, „. . . denn es war Zeit."

Goethe reiste unter einem fremden Namen, als Kaufmann Johann Philipp Möller, mit der Postkutsche nach Italien. Das Inkognito hatte er gewählt, um unerkannt und von allen bisherigen Formalitäten befreit, ganz offen sein zu können für die Eindrükke, denen er sich entgegensehnte.

Die Reise führte über München und den Brenner nach Trient, Verona, Vicenza und Venedig, wo er zwei Wochen blieb. Sobald er die italienische Landschaft erreicht hatte, beschäftigte er sich in der Reisekutsche mit der Umformung der „Iphigenie" in Jamben. Von Venedig aus reiste er über Bologna und Florenz, ohne sich länger aufzuhalten; denn es drängte ihn nach Rom.

Dort suchte er den Maler Wilhelm Tischbein auf, der von seinem Kommen nichts ahnte und der dort in Rom eine richtige kleine Künstlerkolonie um sich geschart hatte. Tischbein erinnerte sich noch später gut an die Überraschung, als der Reisende auf ihn zuging und sagte: „Ich bin Goethe!"

Goethe wohnte nun bei Tischbein und blieb zunächst vier Monate in Rom. Tischbein hat auch sein Leben in Rom beschrieben. Goethe habe in einem kleinen Stübchen bei ihm gewohnt, sich mit einfachem Essen begnügt, morgens an seiner „Iphigenie" gearbeitet, und dann sei er ausgegangen, um Leben und Kunst in Rom in sich aufzunehmen. Im Februar 1787 reiste er mit Tischbein nach Neapel, im März mit dem Maler Christoph Heinrich Kniep nach Sizilien. Bis zum Mai blieb er in Sizilien, vertiefte sich ganze Tage in Homer und nahm Landschaft und Kunst in sich auf.

Im botanischen Garten von Palermo kam ihm die Idee der „Urpflanze" („Italienische Reise"; Brief v. 17. 4. 1787): „Eine solche muß es denn doch geben! Woran würde ich sonst erkennen, daß dieses oder jenes Gebilde eine Pflanze sei, wenn sie nicht alle nach einem Muster gebildet wären?" So wie Goethe in allem den genetischen Zusammenhang des Ganzen auf der Spur sein wollte, so hat er auch immer das Naturhafte der Kunst als eines organischen Ganzen verfolgt.

Über Neapel fuhr er nach Rom zurück, der zweite römische Aufenthalt dauerte nun fast ein knappes Jahr, bis er mit dem Musiker Christoph Kayser zur Rückreise aufbrach. In Rom erlebte er Theatervorführungen, kirchliche Festlichkeiten; auch Gerichtsverhandlungen wohnte er bei. Er lernte eine Menge von Künstlern kennen, darunter Karl Philipp Moritz, dessen klassisch-ästhetische Theorie seiner Vorstellung von Kunst so nahekam, auch den Schweizer Maler Johann Heinrich Meyer, der ihm besonders die antike Klassik vermittelte, freilich war dadurch wohl der Blick Goethes von anderen Epochen der bildenden Kunst bei den Kunstschätzen Italiens abgelenkt, so von der mittelalterlichen oder barocken Kunst. Er beobachtete und zeichnete viel (rund 850 Zeichnungen sind erhalten).

Schon in den ersten Wochen hatte Goethe von einer Wiedergeburt für sich gesprochen, und tatsächlich muß er eine glückliche und für ihn eminent wichtige Zeit in Italien verbracht haben. Nach dem langen Jahrzehnt in Weimar, angefüllt mit Staatsgeschäften, konnte er hier schöpferisch auftanken, seine rezeptiven und kreativen Fähigkeiten noch intensiver entwickeln.

Es scheint auch so zu sein, daß er ein für ihn befreiendes sinnlich-erotisches Erlebnis mit einer schönen Römerin hatte (die Faustina der „Römischen Elegien“), das dann später in Weimar prompt zu der lebenslangen Liaison mit Christiane führte; und möglicherweise sind seine „Fluchtbewegungen“ aus seinen Liebesbeziehungen der früheren Jahre tatsächlich auch auf ein psychotisches Hemmnis oder wie man das psychoanalytisch auch nennen mag, zurückzuführen. Aber da grübeln die Biographen schon lange, entsprechende Erklärungen gibt es auch. Nur – wissen wir es nicht genau!

Der Abschied von Rom fiel ihm sehr schwer. Er fühlte sich fast wie ein Verbannter, als er mit Christoph Kayser am 23. 4. 1788 die Stadt verließ und abreiste. Er blieb noch ein paar Tage in Florenz, hatte auch in Konstanz noch kurz ein Treffen mit Barbara Schultheß, die er auf der Reise in die Schweiz (1775) kennengelernt hatte und mit der er häufiger brieflichen Gedankenaustausch pflegte; am 18. 6. 1788 erreichte er Weimar. In vielen Briefen nach Weimar, so an den Herzog, an Frau von Stein, hatte er geschrieben, daß er natürlich wiederkommen werde. Aber trotz der festen Absicht zur Rückkehr war diese ihm doch sehr schwergefallen.

Was er aber mitgebracht hatte aus Italien, waren zwei Dichtungen, die nun vollendet waren, die „Iphigenie“ und der „Egmont“, zwei sprechende dichterische Dokumente für die Fruchtbarkeit seiner Italienischen Reise.

Wie soll man nun diese „Iphigenie" beurteilen, die Goethe selber „verteufelt human" genannt hat und die Generationen von Schülern und Studenten als Modell klassischer Dramenkunst kennengelernt haben, zweifellos häufig mit gemischten Gefühlen.

Findet man bei Literaturwissenschaftlern früherer Zeiten häufig den Hang, die „Iphigenie" auf den Sockel klassischer Vollkommenheit zu erheben, den man nicht antasten darf, so entdeckt man bei Germanisten unserer Tage die Scheu, sich dem klassischen Weimar, als dessen literarischer Höhepunkt unter anderem die „Iphigenie" gilt, anders als betont kritisch zu nähern (wozu sich am besten soziologische Untersuchungen eignen!). Erklärt sich aber der übertriebene Respekt der älteren Germanisten immerhin noch aus einem Gespür für die sprachliche Sonderheit der „Iphigenie", so erklärt den Zugang der jüngeren Germanisten allenfalls der Umstand, daß sie historisches Denken und Ästhetik nicht verbinden können.

Da die „Iphigenie" zum Paradefall der Auseinandersetzung mit der Weimarer Klassik geworden ist, sei mir an dieser Stelle ein Wort zu diesem Streitfall gegönnt. Denn das ist auch für den Leser, der sich fundiert mit Goethe beschäftigen möchte, wichtig. Der Hauptvorwurf gegen die klassische Weimarer Kunst geht dahin, daß sie eine esoterische (in sich abgeschlossene) sei und an der Realität der historischen Zeit um 1800 vorbeigehe. Um es einmal deutlich zu sagen: wenn man herausfindet, daß das höfische Leben in Weimar am Leben des Volkes vorbeigeht, daß die „Iphigenie" nichts zum Verständnis für das Leben der Kleinbürger und des Proletariats verrät, daß es sich also um eine esoterische Kunst handelt, daß Goethe ein konservativer Mensch war, dann mag das alles stimmen, aber zum Verständnis der „Iphigenie" als literarisches Kunstwerk hat man so gut wie nichts gewonnen. Auch die Kathedralen von Chartres und Reims, die Dichtungen von Aischylos, Vergil, Dante, Calderon und Shakespeare, die Musik von Händel und Mozart, die Gemälde von Leonardo da Vinci und Rubens verraten nicht unbedingt zeitprogressives Verständnis und sind nicht einfachhin komplett aus ihrer historisch-gesellschaftlichen Zeit heraus zu erklären. Man findet allenfalls Beweggründe für bestimmte Themen, bestimmte Formen, und wenn man das findet, ist es erhellend. Aber Tolstoi ist nicht deswegen ein großer Epiker, weil er als Grafensohn auf einem russischen Gut aufwächst. Und Oscar Wilde hat seinen geistreich-brillanten Stil nicht deswegen entwickelt, weil er homosexuell war. Und man kann vielleicht Brechts Entwicklung zum Marxismus aus seiner Jugend als Augsburger Fabrikantensohn erklären, aber nicht die kompositorische Technik des „Galilei". Es ist sicher gut, alles zu wissen, was man an biographischen, historischen, gesellschaftlichen Umständen herausfinden kann, aber es ist Dummheit zu meinen, man könne damit in Gänze ein Kunstwerk erklären.

Zurück zur Klassik! Die künstlerische Absicht der Klassiker war die Harmonie, die Synthese von Vernunft und Gefühl, am individuellen konkreten Fall das Allgemein-Bedeutende kenntlich zu machen (was ich später versuche, noch genauer zu erklären), wobei gerade für Goethe gilt, daß sprachlich und kompositorisch ein organisches Ganzes erreicht werden sollte mit einer Vielfalt von Motiven, symbolischen Verweisen, die einzelne Details immer wieder in Beziehungen bringen. Das bedeutet eine meisterhafte Beherrschung der Sprache und der Komposition. Wer nicht schreiben kann, kann auch kein literarisches Kunstwerk zu Papier bringen. Und aus diesem Grunde ist die „Iphigenie" ein klassisches Kunstwerk!

Die ursprüngliche Prosafassung der „Iphigenie" entstand als Festspiel anläßlich der Geburt einer Tochter des Fürstenpaars und wurde am 6. 4. 1779 aufgeführt. Goethe spielte selber den Orest, und Hufeland hat seinen Enthusiasmus darüber so formuliert: „Noch nie erblickte man eine solche Vereinigung physischer und geistiger Vollkommenheit und Schönheit in einem Mann." Die endgültige Fassung vom Dezember 1786 wird 1787 veröffentlicht, mit dem klassischen Vers dieser Zeit, dem Blankvers (fünfhebiger jambischer Rhythmus, ungereimt). In Augenblicken betonter emotionaler Bewegung findet man dann drei- oder vierhebige Daktylen oder Trochäen (Hebung, Senkung, Senkung bzw. Hebung, Senkung). An entscheidender Stelle beim Parzenlied sind Amphibracchen (Senkung/Hebung/Senkung) benutzt.

Die „Iphigenia" des Euripides hatte den antiken Sagenstoff um die Tochter Agamemnons, des Führers der Griechen gegen Troja, dramatisiert. Der Seher Kalchas hatte prophezeit, nur die Opferung Iphigeniens könne die Schiffe mit günstigen Winden zum Ziel bringen. Bevor sie aber der Göttin Diana (Artemis) geopfert wird, wird sie durch diese entrückt und gerettet. Die Sage läßt dann Iphigenie zu den Taurern gelangen, wo sie als Priesterin der Diana lebt, genötigt, alle Fremden – so will es das Gesetz – auf dem Altar der Diana zu opfern. Hier nun setzt Goethes Konzeption an. Er verzichtet auf den Chor, der im antiken-griechischen

Drama das Geschehen kommentierte (aus Chorgesängen kultischer Art ist überhaupt erst das griechische Drama entstanden, ehe Schauspieler – durch Aischylos, Sophokles und Euripides, – eingeführt wurden.) So wird das Geschehen ganz in den Dialog und die inneren Gefühle hineingelegt. Thoas, der König der Taurer, möchte Iphigenie zur Frau und, verletzt durch ihre Weigerung, die immer noch das „Land der Griechen mit der Seele" sucht, soll sie den Opferritus auf seinen Befehl hin an zwei Unbekannten vollziehen, die gelandet sind: Orest, den die Erinnyen hetzen, und seinen Vertrauten Pylades. Apoll hatte Orest Erlösung verheißen, wenn er „die Schwester" (doppelsinnig können hier bei Goethe die Schwester Apolls, Diana, d.h. ihr Bild, und Iphigenie selber gemeint sein) nach Griechenland bringt. Orest gibt sich zu erkennen, und jetzt bringt nicht die Göttin wie bei Euripides durch ihr Eingreifen die Lösung des Konflikts, sondern Iphigenie, die nach innerem Kampf auf Pylades' Fluchtplan, der Täuschung des Thoas bedeutet, verzichtet und Thoas die Wahrheit sagt. Thoas stimmt der Heimkehr zu.

Das Drama ist – mit Wahrung der drei Einheiten des Raumes, der Zeit und der Handlung – streng als klassischer Fünfakter komponiert, mit Exposition (Anlegung des Konflikts), Peripetie (Umschlag, Wendung zur tragischen Katastrophe) und Anagnorisis (d.h. Wiedererkennen bzw. richtiges Erkennen einer Person oder Situation). Oft ist die Peripetie gerade mit der Anagnorisis verbunden. In der „Iphigenie" wird die Katastrophe aufgehalten. Sie war im antiken Drama bei der Peripetie oft bzw. meistens dem Handeln der Helden des Stückes entnommen, sie hatten keine andere Wahl mehr. Hier wird sie gerade in ihr Handeln hineingelegt. Iphigenie entscheidet sich für die Wahrheit, und damit gibt sie selber die entscheidende Wende zur glücklichen Lösung des Konflikts. Im antiken Drama lag die tragische Schuld begründet in der hamartia (Erkenntnisblindheit des Helden). So hat Ödipus unwissentlich und ohne persönliche Schuld seinen Vater bei einer Auseinandersetzung erschlagen und seine Mutter geheiratet. Gewußt hat er von diesen Zusammenhängen nichts. Die hamartia ist keine sittliche Schuld, sonst wäre der Untergang eine verdiente Folge, aber auch keine Verfehlung aus der damaligen Perspektive antiker Dichtung, die nicht zurechenbar wäre, sonst wäre ein blind waltendes Schicksal anzunehmen. Dennoch kommen uns heute natürlich Zweifel, ob diese griechisch-antike Perspektive nicht hoffnungslos alten mythologischen Vorstellungen entspringt. Welche Chance hatte denn Ödipus? Goethe hat diesen überlieferten mythologischen Stoff modernisiert, Iphigenie muß sich persönlich entscheiden, ob sie die Wahrheit sagt – und damit ihren Bruder Orest gefährdet – oder ob sie Thoas täuscht und damit schuldig wird. Iphigenie als die einzige Schuldlose des Tantaliden-Geschlechts ist nicht einfachhin die tugendhafte, reine und idealisierte Figur. Sie ist selber eine Werdende, macht Erfahrungen des menschlich-besseren Vertrauens, gerade Thoas gegenüber, aber grundsätzlich bleibt sie ihrer Identität treu und ihrem letztlich begründeten Vertrauen in Natur und Götter, obwohl rebellische Auflehnung gegen diese bei Iphigenie nicht ausgeschlossen ist. Der zum Wahnsinn getriebene Orest erlebt im Schlaf traumhafte Versöhnung. Da er bereit zur Sühnung der Schuld durch Opferung des eigenen Lebens ist und die Wahrheit bekennt, hat er selber schon den unheilvollen Teufelskreis, den Fluch des Tantaliden Geschlechts durchbrochen.

Hier löst kein deus ex machina (so nannte man früher die Götter, die man maschinell auf den Theaterboden hinabschweben ließ und die eine unheilvoll verstrickte Situation durch ihren Spruch lösten) den Konflikt, sondern der Mensch selber, der in bestimmender Weise an der Lösung einer tragischen Situation beteiligt ist.

1787 hatte Goethe auch den „Egmont“ abgeschlossen, ein dichterisches Projekt ganz anderer Art, wegen der Prosafassung, der lebendigen Volksszenen, der realistischeren und zeitnäheren Problematik sicher für das Lese- und Theaterpublikum besser zugänglich.

Egmont

Quellen für Goethes „Egmont“ waren Famianus Stradas „De bello Belgico“ in einem Druck von 1651, ferner Emanuel van Meterens „HISTORIA, Oder Eigentliche und warhaffte Beschreibung (. . .) in Niderlandt (. . .)“ (in Übersetzg. 1627). Der historische Egmont war Befehlshaber der spanischen Reiterei im französischen Krieg gewesen und wurde zum Statthalter von Flandern und Artois ernannt. Er hatte eine zahlreiche Familie, offensichtlich banden ihn auch seine Güter an Flandern und ließen ihn bei drohender Gefahr dableiben. Goethe hat wohl schon 1774 eine Konzeption im Kopf und beginnt mit der Niederschrift einiger Bürgerszenen, 1778/79 schreibt er weiter, und 1782 auch, bis er das Werk 1787 in Rom vollendet. Der „Egmont“ ist sehr viel mehr noch als der „Götz" ganz auf die Hauptperson abgestellt ohne Nebenhandlungen.

Ähnlich dem „Wallenstein" beginnt die Exposition im ersten Akt, ohne daß der Hauptheld auftritt, aber ähnlich wie im „Wallenstein" wird immer wieder über ihn geredet und bildet sich aus der Beurteilung anderer ein Bild von einem edlen, auch sorglosen, freiheitsdurstigen Menschen. In der 1. Szene aus der Perspektive von Handwerkern und Soldaten, in der auch die Situation unter spanischer Besetzung kommentiert wird, dann in der Beurteilung Margareta von Parmas, der Regentin, die ihn schätzt, aber schon die Gefahr in seinem Wesen begründet sieht, und schließlich mit den Augen Klärchens, eines einfachen Bürgermädchens, das ihn bedingungslos liebt, wie im Gespräch mit Brackenburg, der ihr zugetan ist, deutlich wird. Großherzigkeit und Sorglosigkeit Egmonts verdeutlichen sich dann als entscheidende Grundzüge seines Charakters in der Volksszene im 2. Akt, im Gespräch mit seinem Sekretär und im Gespräch mit Wilhelm von Oranien, der ihn warnt, der Einladung Albas zu folgen. Der dritte Akt bringt nicht den Umschlag (Peripetie) wie in anderen klassischen Dramen, sondern erst der nächste. Hier folgt zunächst noch ein Resümee der Regentin und dann Egmonts Zusammensein mit Klärchen. Dann läßt Alba Egmont festnehmen, und sein Schicksal ist damit schon besiegelt, ähnlich wie in antiken Tragödien bei der Peripetie. Anfängliche Erkenntnis blitzt hier zwar beim Helden auf, aber insgesamt bleibt er erkenntnisblind, vertrauend. Seine ganze Natur ist ja auf dieses zuversichtliche Vertrauen in Natur und Schicksal begründet.

Klärchen will die Bürger zum Aufstand bewegen, aber die Niederländer im „Egmont" sind nicht revolutionsbereit (wie auch Goethe nichts von einem Volksaufstand erwartet). Klärchen scheitert und nimmt Gift. Ferdinand, der Sohn Albas, der Egmont verehrt, eröffnet diesem die volle Wahrheit. In einer Schlußapotheose (Verklärung im Traum) reicht ihm die Freiheit, ausgestattet mit Klärchens Zügen, den Lorbeerkranz. Das Schicksal (daimon) ist es bei Goethe, das Egmont scheitern läßt. Egmont, der sich auf die Lebensmächte verläßt und heiter im Einklang mit Natur und Welt lebt, scheitert an diesem Vertrauen, das ihn täuscht.

Schillers Kritik, der die „geschichtliche Größe" vermißt und den Schluß als „salto mortale in eine Opernwelt" kommentiert, hat Unrecht. Die Frage nach dem, was denn Egmont schon für große Taten vollbringe oder vollbracht habe, ist falsch gestellt. Egmonts tragische Größe liegt in seinem Charakter. Indem er seine Integrität behaupten will, muß er erkennen, daß sein Zutrauen in die Lebensmächte, die ihn trugen, radikal enttäuscht wird. Ein tragischer Konflikt muß nicht in der Kollision weltbewegender, großer Taten und Entscheidungen bestehen – hier ist Schillers Perspektive eigenartig naiv – sondern kann in der inneren aufgezwungenen Entscheidung bestehen. Im Falle Egmonts heißt das: ein Ja zu sich selber oder ein Ja gegen sich. Unausweichlich ist der tragische Konflikt allemal!

Auch die Deutung der Traumvision in der Schlußszene ist falsch, wenn man diese als Bruch in der dramatischen Konzeption versteht. In dieser Traumvision erhält Egmont dramaturgisch die Bestätigung seiner Identität, seine intuitive gefühlsmäßige Sicherheit gehört demselben Bereich an, dem die Träume, das Unbewußte, der Gefühlseinklang zugehören. (Übrigens hat das auch Kleist im „Prinzen von Homburg" treffsicher erkannt und gestaltet.) Die Schlußvision bestätigt insgesamt, daß nicht die äußere Handlung für die dramatische Entwicklung bestimmend ist, sondern die innere, und daß der den Egmont falsch liest, der an der Oberfläche der Geschehnisse bleibt. Der „Egmont" ist Gestaltung und Deutung des eminent tragisch angelegten Charakters seines Helden.

Die Sprache gibt diese innere Dramatik sensibel wieder, volkstümlich-derb die der Handwerker, distanziert die Albas, rhythmisch-schwingend die Egmonts und Klärchens, und fast lyrisch in der Schlußphase, ganz gelöst und gleichzeitig selbstsicher.

IV. Im dunklen Laub die Goldorangen glühn

Zeit der Hochklassik in Weimar

(1788–1805)

Nun war er also wieder da! Die italienischen Jahre hat Goethe immer wieder als eine sehr glückliche Zeit registriert. Er hat diesen Ausbruch sicher gebraucht, und er war für seine künstlerische Natur lebensnotwendig, wie es scheint. Er hatte sich vordem bewährt in praktischer Verantwortung, seine Sturm-und-Drang-Natur war im ersten Weimarer Jahrzehnt abgeklärt geworden. Und als ihn nun der Umschlag in allzu große Gesetztheit, Bürgerlichkeit, Geordnetheit bedrohte, er auch merkte, daß seine künstlerischen Pläne stagnierten und so recht nicht weiterkamen, da kam dieser Absprung zur rechten Zeit.

Es war ein künstlerisch und menschlich noch mehr gereifter Goethe, der am 18. 6. 1786 in Weimar eintraf, und was dann wenige Wochen später passierte und reichlich Gesprächsstoff bot, war eigentlich gar nicht so verwunderlich. Die gekränkte Frau von Stein war auf Distanz gegangen. Wie ein Schock aber traf es sie, daß Goethe im Juli schon die 23jährige Christiane Vulpius zu sich genommen hatte. Christiane kam mit einem Bittgesuch zu Goethe für ihren Bruder August, – so fing das an. Sie mußte als Arbeiterin in einer Fabrik künstliche Blumen herstellen und Geld für die Familie verdienen. Ihr Vater hatte ein Studium nicht zu Ende führen können, hatte wenig Geld als Kopist, Amtsschreiber verdient und diese Stelle wegen einer Verfehlung verloren. Er war seinerzeit von Goethe im Wegebau untergebracht worden und starb 1786. Der älteste Sohn August und Christiane ernährten die Geschwister. Auch August konnte also sein Studium nicht beenden. Er schriftstellerte zwar, konnte aber damit sein Brot nicht verdienen. Seine Schwester überbrachte nun einen Bittbrief von ihm. Goethe brachte ihn denn auch im Göschen-Verlag unter, und er avancierte später bis zum Bibliothekar an der Weimarer Hofbibliothek. Sein berühmtestes populäres Stück war der „Rinaldo Rinaldini", der im 19. Jahrhundert in vielen Familien bekannter war als die „Iphigenie".

Nur wenige Wochen nach seiner Rückkehr aus Italien wurde Christiane Goethes Geliebte und lebte dann im Gartenhaus mit ihm zusammen. Das war zunächst in Weimar nicht bekannt und wurde erst nach einiger Zeit zum Gesprächsstoff für die ganze Stadt. Eins ist sicher, Goethe war Christiane wirklich zugetan, und sie blieb seine Lebensgefährtin bis zu ihrem Tod. Warum er sie erst 1806 offiziell heiratete und sich vorher für ein illegitimes Zusammenleben entschloß, ist letztlich nicht zu klären. Mag sein, daß er das einfache Mädchen vor höfisch-geselligen Verpflichtungen schützen wollte, die sie als Ehefrau auf sich zu nehmen hatte, mag auch sein, daß hier ein bewußter Affront gegen die Hofwelt eine Rolle spielt, mag sein, daß er anfänglich eine verbriefte, durch die Kirche abgesegnete Verbindung scheute, er, der mit der Kirche nichts anzufangen wußte.

Im Herbst 1789 zog Goethe in das Jägerhaus vor dem Frauentor ein und aus der Stadtwohnung am Frauenplan aus. Hier wurden zwei Wohnungen eingerichtet, eine für Goethe und im oberen Stockwerk für Christiane, zu der auch eine Tante und die Halbschwester Ernestine zogen. Das erleichterte gesellschaftlich das Zusammen- und Getrenntsein.

Und es stand noch ein anderes Ereignis bevor! Am 25. 12. 1789 wurde der Sohn August geboren, und der Herzog war Taufpate! Im Juli 1792 zog man dann wieder in das Haus am Frauenplan um, und das blieb Goethes Wohnhaus bis zu seinem Tod.

In Christiane fand er offensichtlich seine erotisch-sinnliche Erfüllung, aber auch eine verständnisvolle Lebensgefährtin, der er Zeit seines Lebens zugetan war. 25 Jahre nach ihrem Kennenlernen widmete er ihr das andeutungsreiche Gedicht:

Ich ging im Walde
So vor mich hin.
Und nichts zu suchen,
Das war mein Sinn.

Im Schatten sah ich
Ein Blümchen stehn,
Wie Sterne blinkend,
Wie Äuglein schön.

Ich wollt es brechen,
Da sagt' es fein:
Soll ich zum Welken
Gebrochen sein?

Mit allen Wurzeln
Hob ich es aus

Und trugs zum Garten
Am hübschen Haus.

Ich pflanzt es wieder
Am kühlen Ort;
Nun zweigt und blüht es
Mir immer fort.

Hier werden wieder einige bemerken, daß Goethe kein emanzipatorisches Bewußtsein hatte. Es ist auch sicher kein „partnerschaftliches" Gedicht! Aber Christiane scheint ihren Goethe geliebt zu haben („Behalte mich nur so lieb, wie ich Dich habe"; Brief vom 31. 5. 1815) Und er sie auch!

Nach 1788 begrenzte Goethe seine Tätigkeit als Beamter. Zwar blieb er noch Mitglied des „Geheimen Conseils", verlegte seine Aufgaben aber nun mehr auf wissenschaftliche und künstlerische Bereiche. Häufig suchte er die Universität Jena auf, um in Gedankenaustausch mit den Professoren zu treten. Für 1789 sorgte Goethe dafür, daß man Schiller eine außerordentliche Professur in Jena verschaffte, und dort hielt Schiller am 26. 5. 1789 seine bekannte Antrittsvorlesung „Was heißt und zu welchem Ende studiert man Universalgeschichte?" Schiller war damals auch schon bekannt, immerhin waren schon die „Räuber", „Kabale und Liebe" und der „Don Carlos" erschienen.

1789 vollendete Goethe den „Tasso"!

Torquato Tasso

Die Idee zum „Tasso" stammt nach einer Tagebuchnotiz von Goethe aus dem Jahr 1780, und in diesem Jahr beginnt er auch mit dem Entwurf, scheint aber bis 1787 über zwei Akte nicht hinausgekommen zu sein. Der „Ur-Tasso", eine Fassung in Prosa, ist leider verlorengegangen. Eine Biographie von Manso über Tasso bildet die Quelle. Im Zentrum des ersten Entwurfs steht die Liebesgeschichte mit der Prinzessin. In Italien kommt es zu einer Neubearbeitung in Blankversen. Jetzt kann Goethe auch eine zuverlässigere Biographie von Serassi zu Rate ziehen. Er führt den Antonio Montecatino ein, und die Konzeption des Werkes ändert sich grundlegend.

Biographisch gesehen spielt manches in den „Tasso" hinein. Die Prinzessin hat Züge der Frau v. Stein, der Herzog von Ferrara hat vielleicht einiges mit dem Weimarer Herzog gemeinsam, auch in Leonore Sanvitale mag ein Wesenszug der Frau v. Stein enthalten sein. Sicher spielt auch der Abschied aus Italien eine Rolle (aus einer Zeit künstlerischer Kreativität zu neuer praktischer Verantwortung), und sicher ist im Tasso ein Teil der Goetheschen Persönlichkeit, die der des Werther verwandt ist.

Der historische Tasso (Torquatus hat auch die Bedeutung: mit der Halskette geschmückt, ein sehr beziehungsreicher Vorname), lebte von 1544–1595. Er war Dichter am Hof von Alfonso II., Herzog von Ferrara. Die beiden Schwestern des Herzogs, Lucrezia und Eleonore, feierte er in Gedichten. 1575 vollendete er sein berühmtestes Werk „Das befreite Jerusalem". Antonio Montecatino war Staatssekretär des Herzogs und ursprünglich Tassos Freund, später spielte sein Neid auf Tasso eine Rolle, so daß sie zu Gegnern wurden. Tasso wurde immer depressiver und mißtrauischer gegen seine Umwelt, was in regelrechten Verfolgungswahn ausartete. 1577 mußte ihn der Herzog mit Zimmerarrest bestrafen, weil er einen Diener, den er für einen Spion hielt, angegriffen hatte. Das ging so weit, daß er später als Geisteskranker eingesperrt wurde, dann ein unruhiges Wanderleben führte und in Rom starb, kurz vor einer öffentlichen Auszeichnung als Dichter (poeta laureatus).

Die Struktur dieses klassischen Fünfakters mit Einheit von Ort, Zeit und Handlung ist bestimmt von einem spannungsreichen inneren Geschehen, alle Höhepunkte der äußeren Handlung erklären sich von daher. So ist schon die erste Szene des ersten Aktes angelegt. Die Prinzessin und die Gräfin winden im Garten von Belriguardo Kränze, mit denen sie die Hermen (Säulen mit Büsten; ursprünglich mit der Büste des Gottes Hermes) schmücken wollen. Ihr Dialog ist ein Musterbeispiel höfischer Gesprächskultur, eine Konversation voll von Anspielungen, Bedeutungen, Doppelsinnigkeiten und symbolischen Verweisen, der gleichzeitig etwas von dem unterschiedlichen Charakter der beiden Frauen verdeutlicht.

Der Kranz der Gräfin ist „bunt von Blumen", sie ist selber dem bunten Leben der Gegenwart zugewandt, der Kranz der Prinzessin ist ein Lorbeerkranz, der symbolisch für die Auszeichnung großer Helden und Dichter steht. Die Gräfin bekränzt die Herme Ariosts, die Prinzessin die Vergils, womit sich auch hier ihre jeweilige Nähe zum Dichtungsstil des einen oder anderen ausdrückt. „Wir scheinen recht beglückte Schäferinnen", sagt die Gräfin, und in dem Wort „scheinen" ist schon leicht ironisierend der Akzent verlagert. Die Prinzessin träumt sich in die arkadische goldene Zeit der Dichter zurück, die Gräfin aber erfreut sich an der Landschaft um sie herum. Auch in ihrem Gespräch über Tasso sind die Perspektiven different, insofern sowohl seine Existenz als Künstler als auch seine Fähigkeit zu wahrer Liebe von beiden unterschiedlich, oft nur in Nuancen wahrnehmbar, beurteilt wird. Diese erste Szene ist exemplarisch für das ganze Stück. Als äußere Handlung betrachtet, geschieht hier nichts von Bedeutung, allenfalls, daß man etwas über Tasso erfährt. Aber die verborgene innere Spannung dieses scheinbar harmlosen Geplauders hat ihre eigene Dramatik.

Man könnte nun Szene für Szene diese innere Dramatik nachvollziehen, aber das würde die Konzeption dieses Buches sprengen.

Setzen wir den Inhalt als bekannt voraus, so lebt die Abfolge des Geschehens von einem Kennen und Verkennen. Der Herzog kann Kunst nur als Hofkunst betrachten, er ist zweifellos ein gebildeter Mann, der die Kunst schätzt, ihrem eigentlichen Wesen und ihrer Funktion aber nicht nahekommt. Leonore Sanvitale sieht in Tasso einen Mann, den sie mag, den sie aber für sich gewinnen will, um in seiner Kunst gefeiert zu werden. Antonio ist der Weltgewandte und „Vernünftige", der zunächst mit dem weltfremden Poeten nichts anfangen kann, für den sich auch mit der Ehrung Tassos mit dem Lorbeerkranz die wirklichen Gewichte in seiner Welt verschoben haben, daher sein Neid, seine aufreizende Herausforderung Tassos. Erst zu dem menschlich erschütterten Tasso ändert sich seine Haltung, wenn er ihn nicht mehr als Künstler, sondern als leidenden Menschen empfindet, und dann die großmütige Seite seines Wesens zeigt. (Antonio als reiner Neider und kalter Rationalist würde nicht das echte Gewicht einer Kontrastfigur erhalten.) Die Prinzessin versteht sicher Tasso am besten, ihre Zuneigung zu ihm ist echt, aber für sie ist die Unbedingtheit der Leidenschaft nicht realisierbar, sondern nur im Visionär-Geistigen (hier kommt am nachdrücklichsten das Bild der Frau v. Stein vors Auge), die höfische Haltung erfordert Entsagung („Erlaubt ist, was sich ziemt."). Wenn Tasso dagegen setzt: „Erlaubt ist, was gefällt", so meint er das nicht libertinistisch, sondern denkt an den Unschuldszustand Arkadiens, und sein menschlich-tragisches Problem ist wie beim Werther das Streben nach Unbedingtheit der Existenz. Kein Zweifel aber auch, daß man in diesem Spiel der Doppelsinnigkeiten und ironischen Nuancen einen Satz wie „Erlaubt ist, was sich ziemt" nicht als letztes Wort gewonnener Lebensweisheit verbuchen darf. In dieser Situation aufbrechender Leidenschaft spricht die Prinzessin als kluge Frau diese distanzierenden, vom höfischen Etikett bestimmten Worte.

In der Schlußszene, die nach wie vor den Interpreten Rätsel aufgibt, hält sich Tasso an dem „Fels“ Antonio fest (Annäherung an die Realität), betont aber die natürliche Kraft der „Welle“ („Ich scheine nur die sturmbewegte Welle“; wieder dieses „scheinen“).

Überhaupt geben die Schlüsselwörter wie Glück und Schein; Freiheit und Maß; Seele und Geist immer wiederkehrende motivische Verweise, wobei die Metaphorik mit den Wortpaaren Sonne–Mond und Fels–Welle auskommt.

Es ist m. E. falsch, in Tasso nur den Künstler zu sehen, der an der Realität scheitert, wenn er denn überhaupt scheitert (der Schluß bleibt offen!). Es ist der Mensch Tasso, der die Unbedingtheit des Lebens will, die er in der Kunst gestalten kann. So verstehe ich auch die vielzitierten Worte

„Und wenn der Mensch in seiner Qual verstummt,
Gab mir ein Gott zu sagen, wie ich leide.“

Im mythologischen Bereich Arkadiens kann er formulieren, was ihm in der Realität versagt ist.

Aus der Zeit der Beschäftigung und der Vollendung des „Tasso“ stammt auch die zweite endgültige Fassung eines Gedichts, das er schon in den 70er Jahren verfaßt hatte und das die entsprechende Stimmung von damals aufgreift.

An den Mond

Füllest wieder Busch und Tal
Still mit Nebelglanz,
Lösest endlich auch einmal
Meine Seele ganz;

Breitest über mein Gefild
Lindernd deinen Blick,
Wie des Freundes Auge mild
Über mein Geschick.

Jeden Nachklang fühlt mein Herz
Froh- und trüber Zeit,
Wandle zwischen Freud und Schmerz
In der Einsamkeit.

Fließe, fließe, lieber Fluß!
Nimmer werd' ich froh,
So verrauschte Scherz und Kuß,
Und die Treue so.

Ich besaß es doch einmal,
Was so köstlich ist!
Daß man doch zu seiner Qual
Nimmer es vergißt!

Rausche, Fluß, das Tal entlang,
Ohne Rast und Ruh,
Rausche, flüstre meinem Sang
Melodien zu,

Wenn du in der Winternacht
Wütend überschwillst,
Oder um die Frühlingspracht
Junger Knospen quillst.

Selig, wer sich vor der Welt
Ohne Haß verschließt,
Einen Freund am Busen hält
Und mit dem genießt,

Was, von Menschen nicht gewußt
Oder nicht bedacht,
Durch das Labyrinth der Brust
Wandelt in der Nacht.

Im Frühjahr 1790 sind die „Römischen Elegien" abgeschlossen. Es handelt sich hier um einen Zyklus von 24 Elegien, von denen aber 4 bis zur Publikation in der Weimarer Ausgabe von 1914 nicht veröffentlicht worden waren, da man sie für zu freizügig und anstößig hielt. Tatsächlich hat Goethe den sinnlich-erotischen Bereich nie freier behandelt als in diesen an die römische Zeit erinnernden Elegien. Man kann ergänzen, daß überhaupt noch nie in der deutschen Lyrik eine solche unbefangen scheinende Darstellung des Erotischen vorgekommen war. Dennoch versteht man die Römischen Elegien falsch, wenn man sie nicht auch als ästhetische Annäherung an die antike Kunst, besonders in Auseinandersetzung mit Catull, Tibull, Horaz und ihrer Liebesdichtung versteht. Der lyrische Sprecher kommt als nordischer Fremdling in diese Welt und in die Liebesbeziehung zu Faustina, und immer wieder wird das Schweben zwischen sinnlicher Darstellung und ästhetischer auffällig, unübersehbar beim Zitieren von Lukrez und Catull.

Eine Elegie kann übrigens formal jedes Gedicht in Distichen (Hexameter und Pentameter) heißen, zum anderen und spezifischer gefaßt meint die Elegie inhaltlich gesehen eine Klage, einen wehmütigen Gesang über Vergangenes und Verlorenes.

Wenn man die Entstehungszeit der Römischen Elegien berücksichtigt, so ist es wohl richtig anzunehmen, daß hier in der Rückschau die römischen Tage mit „Faustina" verschmelzen mit der neuen befreienden Erfahrung mit Christiane in Weimar.

Eine der schönsten Elegien ist die fünfte:

„Froh empfind ich mich nun auf klassischem Boden begeistert,
Vor- und Mitwelt spricht lauter und reizender mir.
Hier befolg ich den Rat, durchblättre die Werke der Alten
Mit geschäftiger Hand, täglich mit neuem Genuß.
Aber die Nächte hindurch hält Amor mich anders beschäftigt;
Werd ich auch halb nur gelehrt, bin ich doch doppelt beglückt.
Und belehr ich mich nicht, indem ich des lieblichen Busens
Formen spähe, die Hand leite die Hüften hinab?
Dann versteh ich den Marmor erst recht: ich denk und vergleiche,
Sehe mit fühlendem Aug, fühle mit sehender Hand.
Raubt die Liebste denn gleich mir einige Stunden des Tages,
Gibt sie Stunden der Nacht mir zur Entschädigung hin.
Wird doch nicht immer geküßt, es wird vernünftig gesprochen;
Überfällt sie der Schlaf, lieg ich und denke mir viel.
Oftmals hab ich auch schon in ihren Armen gedichtet
Und des Hexameters Maß leise mit fingernder Hand
Ihr auf den Rücken gezählt. Sie atmet in lieblichem Schlummer,
Und es durchglühet ihr Hauch mir bis ins Tiefste die Brust.
Amor schüret die Lamp indes und denket der Zeiten,
Da er den nämlichen Dienst seinen Triumvirn getan.

1790 erschien auch der „Versuch die Metamorphose der Pflanzen zu erklären", in dem Goethe nachzuweisen versuchte, daß das sich aus dem Knoten entwickelnde Blatt das Grundorgan für alle Teile der Pflanzen sei. Durch immer wieder erfolgende Umwandlung (Metamorphose) bilden sich die verschiedenen Pflanzen.

Ähnlich ist seine Entdeckung im Frühjahr 1790 zu sehen, als er die Herzogin-Mutter aus Italien abholte, ihr bis nach Venedig entgegenreiste, und anhand eines Schafgerippes am Lido zu der Erkenntnis kam, daß sämtliche Schädelknochen sowohl beim Menschen als auch bei Tieren aus miteinander verwandten Wirbelknochen bestehen müßten.

Die Idee, die dahinter steht, will sagen, daß alles, was Gestalt gewinnt, selber etwas Werdendes ist, die Gestaltungen der Natur sind in dauernder Verwandlung und Verwandtschaft.

1799 hat Goethe im „Musenalmanach“ eine Elegie „Die Metamorphose der Pflanzen“ nachfolgen lassen, um – wie er später sagt – seiner Christiane 1798 diesen Zusammenhang poetisch zu erklären:

„Dich verwirret, Geliebte, die tausendfältige Mischung
Dieses Blumengewühls über dem Garten umher,
Viele Namen hörest du an und immer verdränget,
Mit barbarischem Klang, einer den andern im Ohr.
Alle Gestalten sind ähnlich und keine gleichet der andern
Und so deutet das Chor auf ein geheimes Gesetz.“ (. . .)

Der Aufenthalt mit Anna Amalia in Italien brachte Goethe die Erfahrung, daß sich glückliche Zeiten nicht ohne weiteres wiederholen lassen. Italien beeindruckte ihn auf dieser kurzen Reise nicht mehr, sicher spielte es auch eine Rolle, daß er ungeduldig auf die Rückkehr zu Christiane und seinen kleinen Sohn wartete. Seine etwas gereizte Stimmung schlug sich in einer Vielzahl von teils bissigen, aber auch geistreich-ironisierenden Epigrammen nieder, den sogenannten „Venezianischen Epigrammen“, von denen er später, im Jahre 1795, 103 Epigramme für Schillers „Musenalmanach“ auswählte zur Veröffentlichung, so etwa das fünfzigste:

Alle Freiheitsapostel, sie waren mir immer zuwider;
Willkür suchte doch nur jeder am Ende für sich.
Willst du viele befrein, so wag es, vielen zu dienen.
Wie gefährlich das sei, willst du es wissen? Versuchs!

Neben gesellschaftlichen, religiösen und literarischen Themenbereichen finden sich freilich auch andere, wie in dem Epigramm über Christiane:

Welch ein Mädchen ich wünsche zu haben? Ihr fragt mich, Ich hab sie,
Wie ich sie wünsche, das heißt, dünkt mich, mit wenigem viel.
An dem Meere ging ich, und suchte mir Muscheln. In einer
Fand ich ein Perlchen; es bleibt nun mir am Herzen verwahrt.

Es hat seinen guten Grund, wenn nun an dieser Stelle versucht wird, das, was Goethes Verständnis von Kunst und Literatur ausmacht, als seine klassische Kunst- und Literaturtheorie hier zusammenzufassen. Goethes theoretische Kunstbegründungen liegen in vielen kleinen Beiträgen, über eine große Zeitspanne erstreckt, vor, sind nicht in einigen großen Abhandlungen wie die Schillers enthalten. Es wäre daher unübersichtlich, wenn jede kleine Schrift zeitlich dort, wann sie erschienen ist, kommentiert würde. Es ist daher wohl besser, Goethes Theorie im Zusammenhang zu erläutern.

Andererseits hat die Französische Revolution von 1789 ihr Gewicht für die Geschichtsauffassung Goethes, sein Geschichts- und Naturverständnis ist wiederum für das Verständnis seiner Kunsttheorie bedeutsam. Zudem nähern sich nun die Jahre mit Schiller, in denen beide in Weimar das entwickeln, was als klassisches Kunstverständnis der Weimarer Zeit bekanntgeworden ist.

Theorie der Kunst und Literatur

Von der Vielzahl der kleinen Schriften, die ästhetische Gedankengänge entwickeln, sei nur eine Auswahl genannt. 1789 war schon die Abhandlung „Einfache Nachahmung der Natur, Manier, Stil“ erschienen, von Bedeutung sind ferner „Literarischer Sansculottismus“ (1795), die „Einleitung in die Propyläen“ (1798), „Über Laokoon“ (1798), „Winckelmann“ (1805), „Shakespeare und kein Ende“ (1815), „Nachlese zu Aristoteles' Poetik“ (1827), man muß auch den Briefwechsel mit Schiller hinzunehmen und auch die „Gespräche mit Goethe“ von Eckermann.

Kunst ist für Goethe eine andere Art von Natur, der Künstler als Teil der Natur gibt, „dankbar gegen die Natur, die auch ihn hervorbrachte, ihr eine zweite Natur, aber eine gefühlte, eine gedachte, eine menschlich vollendete zurück.“ („Diderots Versuch über die Malerei“, 1799). Indem der Künstler irgendeinen Gegenstand der Natur gestaltet, hat er ihm schon einen menschlich gefühlten Charakter gegeben; denn Aufgabe der Kunst ist es, das Charakteristische, Bedeutsame, Wesenhafte kenntlich zu machen, das heißt, er will nicht einfachhin Natur abbilden, sondern ihr Wesenhaftes, oder wie man es auch sagen könnte, ihre Wahrheit, das, was Natur eigentlich ist.

Das ist natürlich sehr schwer! Wenn hier von Natur die Rede ist, dann ist damit nicht nur die uns umgebende physikalische und biologische Natur gemeint, sondern der Mensch selber ist Natur, und wenn uns Goethe etwa im „Egmont“ den Helden in seiner konkreten Situation zeigt, dann will er dem Wesen Egmonts nahekommen, seiner wahren Natur.

Ein Individuum ist aber nicht anders darstellbar als individuell, ich kann keine „Idee" von Egmont auf die Bühne bringen. Es muß also so sein, daß ich das Individuelle und Besondere so gestalte, daß ich das Allgemeine und Wesenhafte erkenne. Was soll das heißen? Ich will es an einem einfachen Beispiel erläutern, was mit Besonderem/Individuellen und Allgemeinem/Wesenhaften gemeint ist.

Unsere ganze Welt ist eine Welt von Individualphänomenen, d.h. es gibt jeden Menschen und jede Blume nur einmal, unverwechselbar. Leibniz hat einmal die Hofgesellschaft in Hannover dazu ermuntert, im Park von Herrenhausen nach zwei völlig gleichen Blättern zu suchen. Die Suche war selbstverständlich vergeblich. Irgendwie unterscheiden sich mehrere Äpfel, wenn sie sich auch noch so ähnlich sehen, und zwar nach Gewicht, Größe, Farbe, Festigkeitsgrad usw. Mich veranlaßt aber nun etwas, diese verschiedenen Äpfel mit demselben Namen zu belegen, da sie trotz abweichender Einzelheiten etwas gemeinsam haben. Und die Biologen müssen einen vernünftigen Grund haben, warum sie einen Zwergpinscher einen Hund nennen, aber auch einen Bernhardiner. Der Begriff Apfel ist also ein Allgemeinbegriff und meint das Gemeinsame individuell verschiedener Äpfel, sozusagen ihr kleinstes gemeinsames Vielfaches.

Damit ist aber nun das, was die Klassiker meinen, wenn sie im Besonderen/Individuellen das Allgemeine erkennen lassen wollen, nicht gemeint, aber es ist als begriffliche Klärung wichtig. Die einzelnen Individuen haben ja ihr vergleichbares Allgemeines schon im kleinsten gemeinsamen Vielfachen als Mensch (so wie die Äpfel), aber auf dieser Ebene wecken sie nicht unser Interesse, sondern in dem Vergleichbaren (Allgemeinen) von Menschlich-Bedeutsamem. Und da spricht uns etwas Wesenhaftes, Charakteristisches vom Menschen etwa in dem Individuum Werther an.

Auf einer menschlich bedeutsamen Ebene also ist das Allgemeine erst von Interesse. Andererseits kann ich ja das Allgemeine nur zeigen im Individuellen. Wenn nun das Individuum Werther aber nur ein einmaliger Sonderfall wäre, bei dem sich nichts zeigte, was ihn für uns menschlich interessant machte, was etwas Charakteristisches und Bedeutsames vom Menschen zeigte, dann verlöre er als isolierter Einzelfall unser Interesse.

Die Klassiker haben richtig erkannt, daß man etwas menschlich Bedeutsames, das uns anrührt, beglückt oder bestürzt (und uns insofern fesselt) nicht anders darstellen kann als individuell, so daß ich also einen Egmont, einen Werther in seinen Besonderheiten als Charakter anschaulich vor Augen bekommen muß. Andererseits müssen sie uns etwas von den bedeutsamen Möglichkeiten des Menschen vorstellen (also nicht nur das, was er ißt und trinkt, daß er arbeitet und schläft), wie sehr er schuldig werden kann, wie sehr er lieben kann und hassen, also das Allgemeine des Menschen auf einer bedeutsameren Ebene. Das jedenfalls wollte die Klassik, andere Kunsttheorien sehen das anders, und das ist ihr gutes Recht. Die Klassik aber sieht das so und versucht, nicht nur unsere Vernunft, unser sittliches Empfinden anzusprechen, sondern unser Gefühl. Beide, Vernunft und Gefühl, sollen vereint sein; in der Darstellung und in der Wirkung. (Sonst kommt ein rein gedanklicher Traktat in Form einer Geschichte heraus oder ein Gefühlsausbruch ohne vernünftige Formung.)

Nun hat Goethe die Natur in seinen naturwissenschaftlichen Beobachtungen und Studien immer wieder als organisches Ganzes erfahren und gleichzeitig als die ewig werdende und schöpferische Kraft zugleich. Er hat ja versucht, diese fortdauernden Metamorphosen (Umwandlungen und Weiterentwicklungen) auf ein letztes Prinzip hin zu erschließen, auf die Idee der „Urpflanze". Man versteht aber Goethe falsch, wenn man nicht sieht, daß die Idee, das Prinzip nur in seinen sinnlich-einzelnen Gestaltungen erkennbar bleibt.

Auch in der Kunst wollen Goethe und Schiller eine allgemeine Idee gestalten, und auch diese ist nur im Zusammenwirken aller individuellen einzelnen Momente erkennbar. Goethes berühmte Symbol-Definition aus den „Maximen und Reflexionen" meint diesen Sachverhalt: „Die Symbolik verwandelt die Erscheinung in Idee, die Idee in ein Bild, und so, daß die Idee im Bild immer unendlich wirksam und unerreichbar bleibt." Jede individuelle Erscheinung ist Moment einer Reihe von vielen anderen zusammengehörigen Individualitäten, und Kunst, die symbolisch gestaltet, gibt ein Bild dieser zusammengehörigen Reihungen.

Schluß mit der Theorie! Aber noch ein Wort zu Goethes Geschichtsauffassung! Wie die Natur, so hat Goethe auch die Geschichte als metamorphos angesehen: ewig sich wandelnd, wobei sich zyklisch, in weitertreibenden Ellipsen bestimmte Phänomene behaupten. Er betrachtet mit Bedenken den Versuch des Menschen in der Geschichte, in einer durchaus bedingten Welt sich ins Unbedingte zu steigern, d.h. im Klartext, bestimmten äußeren Bedingungen restlos entkommen zu wollen. Das erklärt vieles von seiner Einschätzung der Französischen Revolution, von der hier einiges skizziert werden soll, da es für bestimmte Aspekte der sogenannten Goetheschen Revolutionsdramen wichtig ist, gewisse Begriffe wie etwa Jakobiner, Sansculotten usw. zu kennen.

Die Französische Revolution war in ihren Anfängen eine tatsächlich bürgerliche Revolution, d. h. deutlich von dem selbstbewußt gewordenen sogenannten dritten Stand bestimmt. Das absolutistisch vom König regierte Frankreich hatte den beiden ersten Ständen, dem Klerus und dem Adel, Steuerbefreiungen gesichert. Das Besitzbürgertum, das den dritten Stand ausmachte (nur wer Eigentum hatte, genoß das volle Wahlrecht), wollte Steuergleichheit. Die Verteuerung im Lande machte auch die Angehörigen unterer Volksstände unruhig. Zum erstenmal seit 1614 rief der König daher die Generalstände (die 3 Stände) ein als beratende Versammlung. Da dort nicht nach Köpfen abgestimmt werden sollte, sondern jeder Stand nur eine Stimme zugesprochen erhielt, konnte der dritte Stand mühelos überstimmt werden. Deshalb konstituierte sich am 17. 6. 1789 der dritte Stand nach fruchtlosen Debatten als Nationalversammlung, und auch Mitglieder anderer Stände schlossen sich an. Am 9. 7. ernannte sich diese Versammlung zur Assemblee constituante (zur verfassungsgebenden Versammlung). Das war ein Staatsstreich, und damit beginnt eigentlich die Französische Revolution (obwohl auch schon die Konstituierung als Nationalversammlung vom 17. 6. ein nicht legaler Akt war). Jetzt erst beteiligten sich die Massen, mit dem Sturm auf die Bastille vom 14. 7. und dem Aufstand der Bauern in vielen Provinzen (die hohe Abgaben an ihre Grundherren leisten mußten), die Ereignisse überstürzten sich.

In der Nationalversammlung entbrannte immer mehr ein Streit zwischen den Girondisten (vornehmlich zunächst aus der Provinz Gironde in Südfrankreich; sie vertraten das besitzende Bürgertum, waren gemäßigte Republikaner und wollten Schutz des Privateigentums) und den Jakobinern (bekannt nach ihrem Versammlungsort, einem ehemaligen Jakobskloster; sie wollten das Privateigentum abschaffen und sympathisierten mit den Sansculotten). Sansculotten nannte man die Kleinbürger, Händler, Arbeiter, die statt der vornehmen Kniehosen (culottes) lange Hosen trugen. Man weiß, wie es weiterging. Die Jakobiner setzten sich durch, radikalisierten die Revolution und übten eine Schreckensherrschaft aus. Erst als Robespierre 1794 gestürzt und hingerichtet wurde, kamen die Girondisten zurück, und schon behauptete sich freilich auch das Großbürgertum wieder, und das Zensuswahlrecht (das nach Besitz staffelte) wurde wieder eingeführt.

Goethe traf die Französische Revolution mit elementarer Wucht. („Ich hielt mich an meinen Studien wie an einem Balken im Schiffbruch“; Annalen 1793). Er ist erschrocken über den maßlosen Ausbruch dieser plötzlichen Volksbewegung, die ihm

Goethes Geburtshaus in Frankfurt a. M. nach dem Umbau von 1755.
Kupferstich 1832.

Goethe.
Ölgemälde von G. M. Kraus. 1776.

Charlotte Buff,
später Frau Kestner.

Goethe in der Campagna.
Öl auf Leinwand von Johann Heinrich Wilhelm Tischbein, 1786–1788.
(Städelsches Kunstinstitut Frankfurt a. M.).

Frau von Türkheim
(früher Lili Schönemann).
Anonymes Pastell.

Goethe im Alter von 24 Jahren.
Ölminiatur von
Johann Daniel Bager.

Goethe 1787.
Gemälde von
Angelika Kauffmann.

Charlotte von Stein.
Selbstbildnis. 1790.

Johann Wolfgang von Goethe.
Kupferstich von
Johann Heinrich Lips, 1791
(Goethe Museum, Düsseldorf).

Christiane (Vulpius).
Bleistift- und Federzeichnung
Goethes.

Schloßpark in Weimar. In der Mitte das Haus der Frau von Stein.
Nach einer Zeichnung von M. Kraus, 1794.

Goethes Gartenhaus im Park am Stern.

Arbeitszimmer im Gartenhaus.

Ulrike von Levetzow.
Pastell von unbekannter Hand.
Um 1822.

Jenaer Universität.

Goethe 1826. Gemälde von Johann Joseph Schmeller.

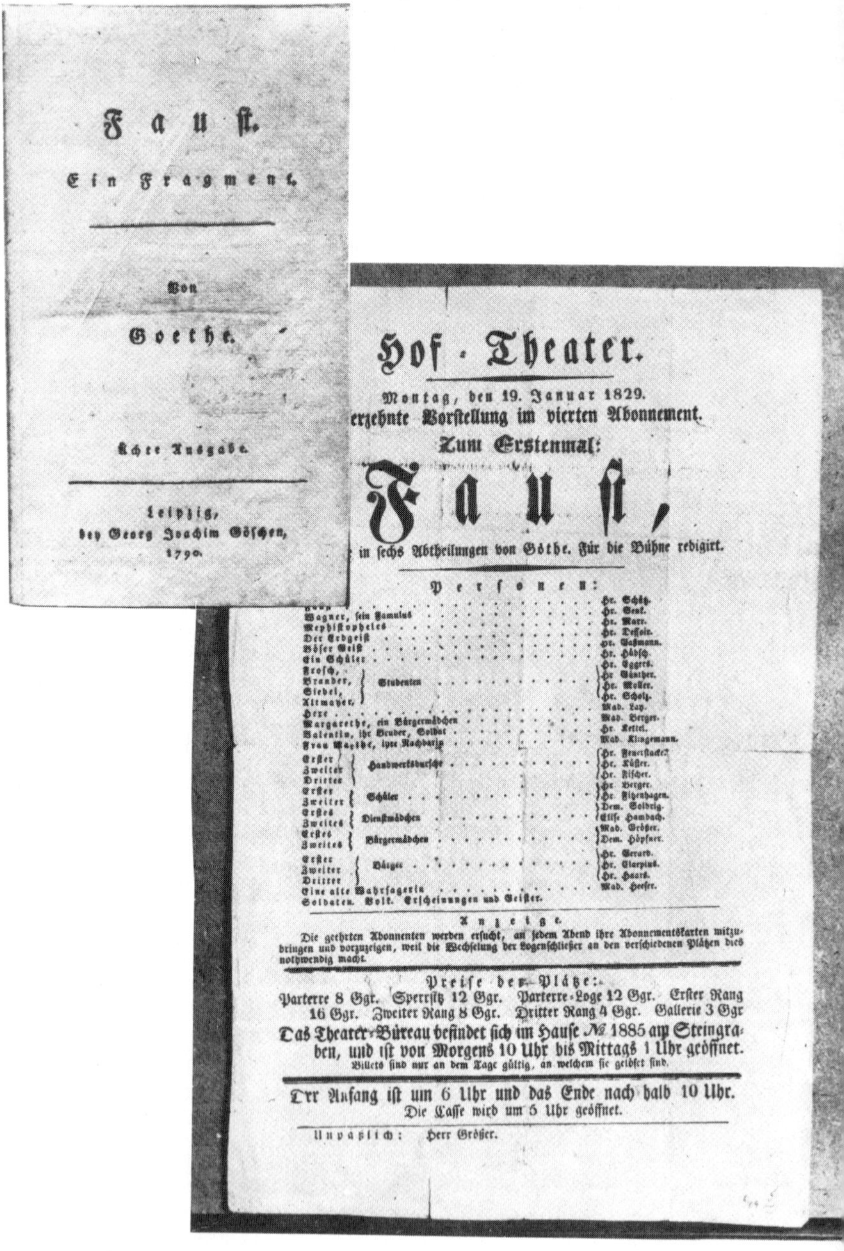
Faust.

Ein Fragment.

Von

Goethe.

Ächte Ausgabe.

Leipzig,
bey Georg Joachim Göschen,
1790.

Hof-Theater.

Montag, den 19. Januar 1829.

...erzehnte Vorstellung im vierten Abonnement.

Zum Erstenmal:

Faust,

... in sechs Abtheilungen von Göthe. Für die Bühne redigirt.

Personen:

... . Hr. Schütz.
Wagner, sein Famulus . . . . Hr. Genst.
Mephistopheles . . . . Hr. Marr.
Der Erdgeist . . . . Hr. Dessoir.
Böser Geist . . . . Hr. Waßmann.
Ein Schüler . . . . Hr. Hübsch.
Frosch, Brander, Siebel, Altmayer, Studenten . . . . Hr. Eggers. Hr. Günther. Hr. Moller. Hr. Scholz.
Hexe . . . . Mad. Lay.
Margarethe, ein Bürgermädchen . . . . Mad. Berger.
Valentin, ihr Bruder, Soldat . . . . Hr. Kettel.
Frau Marthe, ihre Nachbarin . . . . Mad. Klingemann.
Erster, Zweiter, Dritter Handwerksbursche . . . . Hr. Feuerstacke. Hr. Küster. Hr. Fischer.
Erster, Zweiter Schüler . . . . Hr. Berger. Hr. Fitzenhagen.
Erstes, Zweites Dienstmädchen . . . . Dem. Goldrig. Elise Hambach.
Erstes, Zweites Bürgermädchen . . . . Mad. Größer. Dem. Höpfner.
Erster, Zweiter, Dritter Bürger . . . . Hr. Gerard. Hr. Clarpius. Hr. Haars.
Eine alte Wahrsagerin . . . . Mad. Heefer.
Soldaten. Volk. Erscheinungen und Geister.

Anzeige.

Die geehrten Abonnenten werden ersucht, an jedem Abend ihre Abonnementskarten mitzubringen und vorzuzeigen, weil die Wechselung der Logenschließer an den verschiedenen Plätzen dies nothwendig macht.

Preise der Plätze:

Parterre 8 Ggr. Sperrsitz 12 Ggr. Parterre-Loge 12 Ggr. Erster Rang 16 Ggr. Zweiter Rang 8 Ggr. Dritter Rang 4 Ggr. Gallerie 3 Ggr

Das Theater-Büreau befindet sich im Hause № 1885 am Steingraben, und ist von Morgens 10 Uhr bis Mittags 1 Uhr geöffnet.

Billets sind nur an dem Tage gültig, an welchem sie gelöset sind.

Der Anfang ist um 6 Uhr und das Ende nach halb 10 Uhr.

Die Casse wird um 5 Uhr geöffnet.

Unpäßlich: Herr Größer.

Theaterzettel der Erstaufführung des Faust in Weimar (19. Januar 1829) und Titelblatt des Faustfragments von 1790.

vorkam wie eine vulkanische Eruption. Insbesondere mißtraute er der Unberechenbarkeit der Massen, was dann durch die Greuelnachrichten noch verstärkt wurde. Das Ereignis ließ ihn nicht los und bestimmte über lange Jahre hinweg auch unmittelbar und mittelbar seine dichterischen Werke. Während viele Intellektuelle die Notwendigkeit einer bürgerlichen Revolution begrüßten, wenn sie auch die Schreckenstaten teils verdammten, so war Goethe zeit seines Lebens reserviert und insofern politisch gesehen konservativ.

Es ist nicht so, daß er nicht auch erkennt, daß die Revolution Schuld der Regierenden war und nicht des Volkes, aber schon das Versprechen von Gleichheit hielt er für Scharlatanerie. Es dürfte Goethes Geschichts- und Staatsauffassung kennzeichnen, was er an Soret schrieb über den Typus des gemäßigten Liberalen, als den er sich bezeichnete und den er für den allein vernünftigen hielt. Dieser sei bemüht, „durch ein kluges Vorschreiten die öffentlichen Gebrechen nach und nach zu verdrängen, ohne durch gewaltsame Maßregeln zugleich oft ebensoviel Gutes mit zu verderben. Er begnügt sich in dieser stets unvollkommenen Welt so lange mit dem Guten, bis ihn, das Bessere zu erreichen, Zeit und Umstände begünstigen."

Mit diesem längeren Exkurs zur Kunsttheorie, zur Geschichtsauffassung und zur Französischen Revolution wollen wir es jetzt bewenden lassen, einige einzelne Aspekte können noch an Ort und Stelle geklärt werden.

1791 hatte Goethe die Generalintendanz des Weimarer Hoftheaters übernommen und dort viel an Liebe zur Sache und Arbeit investiert. 1791 erschien dort auch im Dezember „Der Groß-Cophta", ein Lustspiel in 5 Akten, sein erstes einer Reihe von sogenannten Revolutionsdramen.

Der Groß-Cophta

Der berühmte Halsband-Prozeß von 1785 lieferte den historischen Hintergrund für das Lustspiel. Eine Marquise de la Motte hatte dem Kardinal Rohan vorgeschwindelt, er könne die verlorene Gunst von Marie Antoinette, der Königin, zurückgewinnen, wenn er einen kostbaren Halsschmuck von überragendem Wert, den Juweliere in Paris geschaffen hatten, für sie erstehen würde. Die Königin wolle ihm dann in Raten, da der Preis enorm hoch war, sein Geld zurückerstatten. Die Marquise arrangierte ein nächtliches Treffen des Kardinals mit der angeblichen Königin; denn in Wirklichkeit spielte ein junges Mädchen den kurzen Auftritt der vermeintlichen Marie Antoinette. Zur Täuschung des Kardinals war auch ein gefälschter Brief der Königin im Spiel. Um sein Ansehen beim Hof zurückzugewinnen, ging der Kardinal tatsächlich auf diese Art von „Vorfinanzierung" ein, kaufte den Schmuck und übergab ihn der betrügerischen Marquise. Diese verschwand, keine Ratenzahlung kam, dafür tauchten in England Teile des Schmucks auf. Nun kam alles ans Tageslicht, und die Öffentlichkeit hatte ihren Hofskandal.

Dieser Verlauf der Halsband-Affäre wird im „Groß-Cophta" weitgehend übernommen, freilich mit dem Unterschied, daß die Betrüger frühzeitig entlarvt werden und ihren Coup nicht zu Ende führen können. Goethe verbindet aber nun mit diesem Stoff ein Spiel um den damals berüchtigten Hochstapler Cagliostro, der über geheime magische Kräfte verfügen und auch geheimbündlerische Beziehungen haben sollte und der auch tatsächlich viel Erfolg auch in höheren Kreisen hatte, so daß selbst einige sonst ganz gescheite Köpfe von ihm schwärmten. Goethe hielt das von Anfang an für abergläubischen Unsinn und hatte schon während der Italienischen Reise den Plan zu einer Opera buffa um diesen Betrüger, welche „Die Mystificirten" heißen sollte. Die Zusammenarbeit mit dem Komponisten Christoph Kayser kam aber zu keinem Ende, und in Weimar entschloß er sich, den Halsband-Komplex mit dem Cagliostro-Komplex zu einem Lustspiel zu vereinigen, in dem Cagliostro als betrügerischer Graf auftritt, der Anhänger für die geheime Loge eines Groß-Cophta gewinnt, als der er sich schließlich selber entpuppt.

Auch dieses Lustspiel ist von früheren Kritikern, dann aber auch in neuerer Zeit von Germanisten wie Martini, Kreutzer u. a. als „verfehlt" abgelehnt worden. Dennoch ist zu sagen, daß hier die uralte Absicht der Komödie, die Demaskierung und Entlarvung des Scheins intendiert und exzeptionell durchgeführt ist. Martinis Argumentation stimmt nur, wenn der Graf die alleinige bestimmende Hauptfigur wäre und wenn er ein Charakter im Sinne des bürgerlichen Lustspiels wäre. Der Graf ist aber kein Charakter, sondern ein Typ, und er ist auch nicht die alleinige Hauptperson, sondern die Marquise dominiert über weite Strekken das Geschehen, und insofern kann der Graf auch zeitweise im Stück zurücktreten (was er nicht könnte, wenn er die beherrschende Hauptfigur wäre). Dieses Verschwinden ist also kein dramaturgisch-technischer Fehler, wie Martini und ihm folgend

Kreutzer urteilen, sondern bestätigt im Grunde die Balance zweier zusammenspielender Handlungen, wobei die realitätsnähere über die mysteriöse, auch formal-strukturell, triumphiert. Es wundert in diesem Zusammenhang gerade nicht, daß es zur Demaskierung der hohlen Aufschneiderfigur des Grafen paßt, daß er – dramaturgisch gesehen – immer mehr in den Hintergrund tritt und die Marquise, die den modernsten Part in diesem Stück übernimmt (aufgeklärt, rational, vorausschauend), die dominierende Funktion erhält. Alle anderen agieren mit erstaunlicher Ahnungslosigkeit (selbst der schwindelgewohnte Groß-Cophta hat Mühe, den Coup der Marquise zu durchschauen). Hier ist auch nicht der Ansatz für eine mehr empfindsame oder gar tragische Entwicklung, die den Ansatz zu einem Lustspiel wie die „Minna" geben würde; denn auch die Nichte ist alles andere als eine Eugenie. Der Marquis scheint keine großen Schwierigkeiten gehabt zu haben, sie zu verführen, und immerhin gibt sie sich für das Täuschungsspiel her, Marie Antoinette darzustellen.

Nein! Hier sind zweifellos wieder Strukturelemente der Opera buffa, der commedia dell'arte, der Posse aufgegriffen, eine Charakterkomödie wird hier nicht gespielt! Als Intrigenstück geplant, spielen alle eine Rolle (nicht von ungefähr tragen die Hauptfiguren keine Namen, sondern nur Standesbezeichnungen). Sicher, eine durchgehend pointenreiche Situationskomik fehlt in dem Stück, aber das widerspräche auch der künstlerischen Absicht, Verlogenheiten und Intrigen, Betrügereien und Schwindeleien als die hohle Fassade feiner Kreise zu entlarven und der Lächerlichkeit ihrer verkehrten Welt preiszugeben. Nein, lustig ist das nicht, aber Goethe meint, wenn er Lustspiel sagt, häufig den umgreifenderen Begriff der Komödie, und diese stellt die Welt dieser Intriganten als Kabinett närrischer, sich selbst betrügender Personen dar.

Nachdem Goethe schon 1790 den Herzog in ein Feldlager preußischer Truppen nach Schlesien begleitet hatte (der Herzog war preußischer General), war er auch bei ihm, als dieser 1792 am preußisch-österreichischen Feldzug gegen das revolutionäre Frankreich teilnahm. Der Künstler Heinrich Meyer lebte seit gut einem halben Jahr mit in Goethes Haus am Frauenplan und sorgte während seiner Abwesenheit unter anderem auch für die Umräumungsarbeiten, die anfielen. Goethe erlebte die Belagerung Verduns mit und auch die Kanonade von Valmy. Der Widerstand der Franzosen war stärker, als man es erwartet hatte. Es waren auch Versorgungsschwierigkeiten, die dann zu dem Rückzug der vom Herzog von Braunschweig geführten Truppen führten. In der „Campagne in Frankreich“ (1822 erschienen) hat Goethe seine Feldzugserlebnisse festgehalten. Die nun vorrückenden Franzosen veranlaßten Goethe zu einem anderen Rückweg nach Thüringen. Er entschloß sich zu einer Rheinfahrt zu den Jacobis nach Düsseldorf. Freilich ließen sich jene jungen Jahre der Gemeinsamkeit nicht bruchlos wieder herbeiführen, man hatte sich doch auseinandergelebt, wenn man sich auch gegenseitig hochachtete und respektierte.

Über Münster in Westfalen, wo er den katholischen Kreis um die Fürstin Amalia v. Gallitzin kennenlernte, reiste er zurück.

Bei seiner Ankunft in Weimar erhielt er die Nachricht, daß die Stadt Frankfurt ihm die Stelle eines Ratsherrn anbieten wollte. Aber Goethe lehnte mit Hinweis auf den Dank gegenüber dem Herzog, den er ihm schuldete, ab. 1817 verzichtete er auch aus ökonomischen Gründen auf das Frankfurter Bürgerrecht. Der Wiener Kongreß hatte nämlich beschlossen, daß man das Vermögen ausführen dürfe, ohne den Zehnten zu bezahlen, und zudem vermied er so die hohe Einkommensteuer. Ganz grün scheinen die Frankfurter ihrem berühmten Sohn deswegen nicht gewesen zu sein.

Auf Wunsch des Herzogs fuhr Goethe im Sommer 1793 auch nach Mainz, um die Belagerung der dann im Juli von den Franzosen eingenommenen Stadt mitzuerleben.

Aufschlußreich ist in Goethes Bericht, daß er nach der Einnahme der Stadt einmal die spontane Bestrafung eines Republikaners bzw. Jakobiners durch energisches Eingreifen verhindert. Nachdem er auch die Haus- und Erbschaftsangelegenheiten in Ordnung gebracht hatte, kehrte er zurück nach Weimar.

In dieser Zeit und in den Folgejahren entstanden mehrere kleine sogenannte Revolutionsschauspiele, 1793 „Der Bürgergeneral“.

Das ist ein Lustspiel in einem Akt, angeregt von einem gerade in Weimar gespielten Stück „Die zwei Billets“, in dem gezeigt wird, welche Unsinnigkeiten die revolutionären Ideen bei einfachen Bürgern stiften können. Goethe schreibt sein Stück als Fortsetzung der „Zwei Billets“, wobei er die komische Figur der französischen Posse, Schnaps, auch als seinen „Helden“ benutzt. Schnaps redet einem Bauern, Märten, ein, er (Schnaps) sei von den Jakobinern zum Bürgergeneral ernannt worden und solle in ihrem kleinen Ort die Revolution in Gang bringen. In Wirklichkeit will Schnaps sich eines guten Frühstücks bei Märten bemächtigen. Märtens Schwiegersohn verprügelt Schnaps, der Ortsrichter wird gerufen und verdächtigt alle jakobinischer Umtriebe, bis dann der Edelmann (der hier schon fast zu edel gezeigt wird) alles ordnet. Das ist zweifellos ein Tendenzstück, das die Beurteilung Goethes gegenüber der Französischen Revolution nahtlos wiedergibt. Formal und strukturell bietet es aber einen sehr anschaulich-lebendigen Dialog und elementare theaterwirksame Pointen der Posse.

Ebenfalls von 1793 ist das Revolutionsdrama „Die Aufgeregten", das Fragment bleibt. Als Goethe das Stück später in die Gesamtausgabe seiner Werke übernimmt, hat er selber fehlende Szenen durch Inhaltsangaben ausgefüllt. Es geht um einen Konflikt zwischen einer gräflichen Herrschaft und Bauern, der wegen abzuleistender Frondienste für einen Straßenbau entbrennt. Ein intriganter Amtmann hat ein Dokument über den Vertrag versteckt, das den Konflikt lösen kann, und verhindert damit ein Entgegenkommen der Gräfin gegenüber den Bauern. Treibende revolutionäre Kraft ist ein Barbier namens Breme von Bremenfeld, der „französische Verhältnisse" nach Deutschland übertragen möchte. Am Schluß haben sich alle umsonst „aufgeregt". Hier ist es schade, daß Goethe den Höhepunkt des Stückes nur berichtet und nicht ausgeführt hat (ein gespieltes Tribunal während einer Teegesellschaft, ein komödiantisches Spiel im Spiel), das nach dem skizzierten Inhalt sicher dramaturgisch von besonderem Reiz gewesen wäre.

Schließlich ist noch „Das Mädchen von Oberkirch" (1795/96) zu nennen, für das Goethe freilich nur zwei Szenen verfaßt hat. Es sollte ein Trauerspiel in fünf Aufzügen sein. Die Anregung geht wohl auf eine Zeitungsnotiz vom November 1793 zurück, die berichtet, daß ein schönes Mädchen aus einem ländlichen Ort, das sich weigerte, im Straßburger Münster die Göttin der Vernunft darzustellen (welche die Jakobiner ja anstelle des christlichen Gottes etablieren wollten), hingerichtet worden sei. Daß das gerade sein geliebtes Straßburger Münster betraf, hat ihn wohl besonders ergrimmt. Wie den Eingangsszenen zu entnehmen ist, wollte Goethe dies Ereignis wohl mit einer privaten unglücklichen Verbindung des Mädchens zu einem Edelmann verknüpfen, so daß sich hier persönliche Tragik und politische Zwänge verbunden hätten.

Schon in Frankreich, intensiver dann bei der Belagerung von Mainz, hatte sich Goethe mit dem alten Tierepos von Reineke Fuchs befaßt. Gottscheds Übersetzung des niederdeutschen

„Reynke de vos“ (von 1498) hatte er dabei, und schon 1794 erschienen die zwölf Gesänge von „Reineke Fuchs“.

Goethe hat die Vorlage kunstvoll in Hexametern bearbeitet. Hatte das Original der Vorlage als Hof- und Regentenspiegel mit vielen Anspielungen auf das mittelalterliche Minne- und Lehensrecht, auf das Ritual der Turniere gearbeitet, so hebt Goethe allgemeiner auf die im Verhalten der Tiere erkennbar werdenden menschlichen Schwächen ab. In der Abwendung von den „Welthändeln“ lag damals sein persönlicher Grund für die Beschäftigung mit dem Epos. Gerade dadurch, daß Goethe die Hexameter nicht nach den strengen Maßstäben von Voß komponiert, sondern fließender, sprachbetonter, geraten sie umso glänzender.

1794 war das Jahr, in dem sich – glücklicherweise für beide – die beiden größten deutschen Dichter, Goethe und Schiller, zu intensivem Kontakt und Gedankenaustausch trafen, was bis zum Tode Schillers währen sollte. Gesehen hatten sie sich schon flüchtig, Goethe hatte ja auch Schillers Ernennung zum Professor in Jena gefördert, aber man blieb sich noch unvertraut. Schiller hatte nach seiner Stürmer- und Dränger-Phase jahrelang nur noch wissenschaftliche Studien getrieben und sich ganz mit den Gedankengängen Kants vertraut gemacht. Goethe seinerseits fühlte sich nach der Italienischen Reise und den Wirren und Folgen der Französischen Revolution immer mehr isoliert, unverstanden, in gewisser Weise auch unproduktiv, nachdem er den „Tasso“ und die „Elegien“ abgeschlossen hatte. Man kann nun mit Recht sagen, daß das folgende Jahrzehnt eine Lebensphase gegenseitiger Bereicherung war. Goethe hatte einen kongenialen Menschen gefunden, der ihn verstand, ihn auch kritisch ergänzte und letztlich, wenn auch von einem verschiedenen Ansatz her, in seiner klassischen Kunstkonzeption verwandt war.

Schiller hatte, als der Jüngere, eine intensivere Begegnung eingeleitet, indem er den „Hochwohlgeborenen Herrn Geheimrat“ einlud, an seiner Zeitschrift „Die Horen“ als Rezensent und Autor mitzuarbeiten. Goethe sagte sehr gerne zu. Schillers Brief vom 23. 8. 1774 ist sicher werbend gemeint, schildert aber sehr treffend Goethes ureigene Begabung:

> „Ihr beobachtender Blick, der so still und rein auf den Dingen ruht, setzt Sie nie in Gefahr, auf den Abweg zu geraten, in den sowohl die Spekulation als die willkürliche und bloß sich selbst gehorchende Einbildungskraft sich so leicht verirrt. In Ihrer richtigen Intuition liegt alles und weit vollständiger, was die Analysis mühsam sucht, und nur weil es als ein Ganzes in Ihnen liegt, ist Ihnen ihr eigener Reichtum verborgen . . .“

Ein umfangreicher Briefwechsel von über 1000 Seiten ist noch erhalten, der den fruchtbaren Gedankenaustausch zwischen den beiden zeigt. Goethe lud Schiller für September in sein Haus ein, und 14 Tage verweilte der Jüngere da. Dann besuchte ihn Goethe oft in Jena. 1799 gab Schiller seine Professur in Jena auf und übersiedelte ganz nach Weimar. Für die „Horen" steuerte Goethe gleich die „Unterhaltungen deutscher Ausgewanderten" bei. Schiller hätte gerne den „Wilhelm-Meister"-Roman dort erscheinen lassen, den Goethe nun vollendete, aber Goethe hatte den Druck schon dem Unger-Verlag in Berlin versprochen. So kam es, daß in den „Horen" eine Prosadichtung ganz besonderer Art erschien, die nachhaltigen Einfluß auf die Romantiker und die Folgezeit hatte.

Unterhaltungen deutscher Ausgewanderten

Da diese „Unterhaltungen" weniger bekannt sind, sei ihr Inhalt kurz skizziert, womit sich schon die äußere Struktur verdeutlicht. Es handelt sich um einen Reigen novellistischer Erzählungen mit einer Rahmenhandlung. Der Anfang der Rahmenerzählung berichtet von der Flucht deutscher Adeliger aus dem linksrheinischen Gebiet. Auf einem Gut rechts vom Rhein wartet man die Lage ab. Versammelt sind die Baronesse, eine Witwe, mit zwei Söhnen, ein Hofmeister, der den jüngeren Sohn unterrichtet, und ein alter Geistlicher, Freund des Hauses, ferner ein Vetter namens Karl. Als Gast erscheint dann noch ein Geheimrat mit Frau, die Jungendfreundin der Baronesse. Im Gespräch prallen die Meinungen des Geheimrats, der antirevolutionär gesinnt ist, und des jungen Karl heftig aufeinander. Da Karl zudem den Geheimrat beleidigt, reist dieser ab. Karl sieht ein, daß er zu weit gegangen ist. Man will überhaupt versuchen, verträglicher zu sein, und die Baronesse schlägt eine Erzählrunde vor. Daraus entwickelt sich dann das etwa aus Boccaccios Novellen bekannte Erzählen. Am Abend erzählt der Geistliche die Geschichte der Sängerin Antonelli, die ihren Geliebten nicht ein letztesmal besuchen will und in der Folgezeit von geheimnisvollen Geräuschen erschreckt wird. Friedrich, der ältere Sohn, steuert eine Geschichte über einen Klopfgeist bei. Selbst in der Rahmenhandlung geschieht jetzt Unerklärliches: die Schreibtischdecke reißt. Karl erzählt die Geschichte vom Marschall von

Bassompierre, der ein Liebesabenteuer beginnt und dann, auf Einladung der fremden Frau, in ein bestimmtes Haus zu kommen, zwei Leichen findet.

Am nächsten Morgen trägt der alte Geistliche zwei Novellen vor, eine vom Prokurator, der einer jungen Ehefrau, deren Mann häufig auf Handelsreisen ist und ihr ausdrücklich gestattet hat, nicht sittsam zu leben, zu tugendhafter Bewährung verhilft; die andere Novelle handelt von dem Diebstahl Ferdinands und seiner Umkehr. Den Schluß bildet „Das Märchen".

Vor Goethes „Unterhaltungen" war die Novelle noch nicht für den deutschen Sprachraum entdeckt worden. In ihrer vollendeten Form ist die Novelle straff auf ein erzählenswertes Ereignis (eine „unerhörte Begebenheit", wie Goethe es nennt) komponiert, gestattet sich keine Nebenhandlungen und arbeitet erzähltechnisch gesehen oft mit einem Wendepunkt innerhalb der Geschichte. Diese schlanke, konzentrierte novellistische Form des Erzählens hatte ihre berühmten Vorgänger im „Decamerone" Boccaccios, in den anonymen „Cent Nouvelles Nouvelles" in Frankreich, im „Heptameron des nouvelles" der Margarete von Navarra u.a., verwandt sind auch Chaucers „Canterbury Tales", und auch Bassompierres Novellen gehören dazu. Goethe, auf der Höhe seiner klassischen Erzählkunst (um diese Zeit vollendet er den „Wilhelm Meister") gelingt es auf Anhieb, die variierenden Möglichkeiten dieser anspruchsvollen kleinen Form zu gestalten, in den Vorabend-Novellen bei den Gespenster- und Liebesgeschichten mit dem Schwerpunkt auf die „wahre Begebenheit", am nächsten Vormittag mit „moralischen" Novellen, die aber wahr und natürlich erscheinen müssen, und schließlich mit der Symbolik des Märchens, das natürlich seine eigenen Gesetzmäßigkeiten hat. Die Rahmenerzählung bietet vornehmlich den Dialog, bei dem Goethe sogar die Schreibform des Dramas (Name des Sprechenden, dann direkte Rede) benutzt, davon abgesetzt findet man in den Novellen den Erzählbericht. Der Dialog fördert im Rahmen die Distanzierung, da ja dort ein Erzähler nicht kommentierend eingreift. Das wird auch in den Novellen nicht etwa derart getan, daß ein Erzähler deutlich erkennbar das Erzählte als solches kenntlich macht, aber insofern, daß er souverän auswählt, behutsam Beweggründe erklärt usw.

Das „Mährchen" ist übrigens die einzige Erzählung, die einen Titel trägt, und da sie keinen besonderen Titel hat wie andere Märchen, ist mit dem Gattungstitel schon signalisiert, daß Goethe hier exemplarisch an die Sondergattung des Märchens herangehen wollte.

Das „Märchen“ (in der ursprünglichen Schreibweise „Mährchen“) ist eine Welt für sich und hat den Interpreten bis heute Rätsel aufgegeben. Goethes Zeitgenossen hatten schon versucht, ihn selber zu einer Deutung zu bewegen, was er aber abgelehnt hat, – mit Recht! (Wenn ein Dichter seine eigene Poesie komplett erklärt, gibt er eine schlüssige Auslegung für alle Zeiten vor, und der Reiz der immer wieder neuen Leseerfahrung, des Nachsinnens über die Möglichkeiten eines Kunstwerks gegenüber einer faktischen Wirklichkeit wird quasi belehrend genommen. Gerade bei einem Märchen und seiner Traumwelt wäre das unpassend.)

Es ist kein Volksmärchen, das man Kindern erzählen kann, sondern ein Kunstmärchen in Vollendung, in dem der Genius der Poesie selber Gestalt wird. Eine symbolische Welt für sich, aber eine Traumwelt mit eigenen Gesetzen, dem Gesetz des Riesen (von dem nur der Schatten Kraft hat), dem Gesetz des Stroms (der kein Gold annimmt), dem Gesetz des Fährmanns (der nur in eine Richtung fahren darf): Realität des Traums und Logik des Märchens!

Diese Gesetzmäßigkeit aber rührt aus einer Verzauberung her. Die schöne Lilie, der junge Königssohn, der Weg über den Fluß, alle und alles unterliegt diesen verzaubernden märchenhaften Gesetzmäßigkeiten. Der Moment der Erlösung kann nur im Zusammenwirken aller zur rechten Zeit geschehen, wie es der Alte mit der Lampe sagt: „Es ist an der Zeit.“

Wenn man so will, ist das eine der „Aussagen“ dieses Märchens, mehr sollte man kaum erspüren können.

Und so löst sich denn auch zur „rechten Zeit“ die verzaubernde Starre auf, die ein allseitiges Begegnen verhindert hat und etwa die Annäherung des Königssohns an die schöne Lilie bedrohlich machte. Ein neues gemeinsames Leben blüht auf. Motivik (Gold-, Früchte-Motiv etwa) und Symbolik sind nicht eindeutig zu entschlüsseln.

Das Märchen verbleibt im Bild, wie die Poesie selber! 1795/96 vollendete Goethe „Wilhelm Meisters Lehrjahre“.

Wilhelm Meisters Lehrjahre

Erste Tagebuchaufzeichnungen zum „Wilhelm-Meister“-Thema finden sich 1777. Fünf Jahre später erfährt man den vollen Titel „Wilhelm Meisters Theatralische Sendung“, allerdings ist das Originalmanuskript dieses „Urmeisters“ verschollen, aber glücklicherweise ist die Abschrift einer Abschrift der ersten sechs Bücher erhalten. Dieser „Urmeister“ hatte sich schwerpunktmäßig auf die Theatererlebnisse und -erfahrungen Wilhelms konzentriert, in die zweite Fassung mit dem neuen Titel „Wilhelm Meisters Lehrjahre“ geht dieser Stoff überarbeitet ein und wird entscheidend ergänzt.

In der ersten Fassung, der „Theatralischen Sendung“ (oder kurz „Urmeister“) wollte Goethe „das ganze Theaterwesen in einem Roman“ vortragen (5. 8. 1778 an Merck). Auffälligerweise wird hier erstmals in der Dichtung das Theater als schöpferischer Bereich vorgestellt. Diese Urfassung ist von sprachlicher Frische und Ursprünglichkeit geprägt, auch schon mit der leichten Ironie vorgetragen, die sich in der späteren Fassung noch durchgängiger bemerkbar macht. In der klassischen Fassung von 1795/96 glättet Goethe dann allzu realistisch-handfeste sprachliche Passagen. („hagere, langnäsige, weitbrüstige Tänzerinnen“ werden zu „in der Nähe häßlich erscheinenden Tänzerinnen“), läßt den Erzähler, der im „Urmeister“ auffälliger, redseliger ist, distanziert zurücktreten, vermehrt deswegen auch die Dialogpartien gegenüber der ersten Fassung usw.

Verknappt dargestellt, wird in den „Lehrjahren“ erzählt, wie der junge Kaufmannssohn Wilhelm Meister, der das Theater liebt und die Schauspielerin Mariane, diese wegen einer vermeintlichen Untreue verläßt und aufbricht, um sich weiterzubilden. Er kommt mit einer Theatertruppe zusammen (Philine, Laertes, Melina), nimmt auch die 12jährige Mignon zu sich, lernt eine schöne Gräfin kennen, eine zunächst unbekannt bleibende Amazone (Natalie) und die angesehene Theatergruppe Serlos mit dessen Schwester Aurelie, die den dreijährigen Felix betreut, den man für ihren Sohn hält. Dann aber löst sich seine Verbindung zur Theaterwelt, er kommt zu einer „Gesellschaft vom Turm“, die seinen Lebensweg beobachtet hat, erfährt, daß Felix sein Sohn ist (von seiner einstigen Geliebten Mariane), lernt Therese kennen, auch den ehemaligen Geliebten Aureliens, Lothario. Schließlich heiratet Therese Lothario und Wilhelm seine Natalie. Mignon stirbt. Das zum Verständnis der folgenden Anmerkungen!

Goethe hat in den „Tag- und Jahresheften“ (Febr. 1819) folgende aufschlußreiche deutende Bemerkung zum „Wilhelm Meister“ gemacht: „Die Anfänge ‚Wilhelm Meisters‘ hatten lange geruht. Sie entsprangen aus einem dunkeln Vorgefühl der großen Wahrheit, daß der Mensch oft etwas versuchen möchte, wozu ihm Anlage von der Natur versagt ist, unternehmen und ausüben möchte, wozu ihm Fertigkeit nicht werden kann; ein inneres Gefühl warnt ihn abzustehen, er kann aber mit sich nicht ins klare kommen und wird auf falschem Wege zu falschem Zwecke getrieben, ohne daß er weiß, wie es zugeht (. . .) Und doch ist es möglich, daß alle die falschen Schritte zu einem unschätzbaren Guten hinführen: eine Ahnung, die sich im ‚Wilhelm Meister‘ immer mehr entfaltet, aufklärt und bestätigt . . .“

Damit ist angespielt auf den „Irrweg“ Wilhelms zur Theaterwelt, der aber doch ein notwendiger Weg seiner menschlichen Persönlichkeit und Bildung ist, wie überhaupt alles Irren auf dem Lebensweg des jungen Wilhelm notwendig zu seiner Bildung gehört. Der Begriff Bildung ist hier falsch verstanden, wenn man Bildung mit Erziehung gleichsetzen wollte, wozu die pädagogisierenden Maximen der Turmgesellschaft Anlaß geben könnten. Goethe verwendet den Begriff im Sinne von Gestalt gewinnen, Gestalt geben, und zwar im Verständnis morphologischer Betrachtung, die vom Werdenden in der Natur und beim Menschen ausgeht und Ausbildung und Vervollkommnung der menschlichen Fähigkeiten und Möglichkeiten meint, die m. E. im „Wilhelm Meister“ sowohl auf geschenktem Glück (Fortuna) beruht als auch aufgrund eigener Leistung und Bewährung (Virtus) erfolgt. Felix (der Glückliche!), sein Sohn, ist geschenktes Glück, ebenso die Zuneigung der meisten Menschen zu Wilhelm, dies ist aber wiederum in der Person Wilhelms selber begründet, der so ist, wie er ist: menschlich, verständnis- und mitleidsvoll, sonst fände er nicht die Sympathie allerorten, also ist es Virtus, die er entfaltet, Tugend, die sich aber bewähren muß im Umgang mit den Menschen und der Welt.

Am Schluß des Romans sagt Friedrich zu ihm: „Du kommst mir vor wie Saul, der Sohn Kis’, der ausging, seines Vaters Eselinnen zu suchen, und ein Königreich fand.“ Dieser Satz verdeutlicht die glückliche Entwicklung eines von Irren und Lernen geprägten Weges und korrespondiert dem Bild vom kranken Königssohn im ersten Buch (das sich dann leitmotivisch weiter durch den Roman zieht). Nach Plutarch liebte Antiochus seine Stiefmutter Stratonice und siechte dahin, bis er durch des Königs Verzicht ihre Hand erhalten kann. In vielfältiger Variation wird Stratonice (im Gemälde vom kranken Königssohn) mit Mariane, dann mit Natalie assoziiert, es gibt auch Querverbindungen zur „schönen Seele" des 6. Buches. Die Motivik verdichtet sich besonders stark, als Wilhelm verwundet ist („kranker Königssohn") und Natalie ihm als schöne Amazone idealisiert erscheint.

In dem Roman „bildet" nicht nur die Kunst, es bildet auch die Natur, insbesondere in wahrer Menschlichkeit der Personen, denen man wach und aufnahmebereit entgegenkommt. Die Gestaltung des Romans in ihrer immer wieder ironisierenden Darstellung warnt vor vereinseitigendem Festmachen irgendeiner Erkenntnis. So sind die berechtigten bildenden Ideale der Kunst, der Turmgesellschaft, der Religion immer dann in einigen leichten sprachlichen Wendungen bestritten, wenn sie verabsolutieren. Man muß auf die kleinen Zwischentöne hören. Wenn Wilhelm etwa den Theaterkontrakt unterschreiben will, heißt es „daß Mignon ihn am Ärmel hielt und ihm die Hand leise wegzuziehen versucht hatte". Oder wenn es von der Turmgesellschaft heißt, man dürfe sie auch nicht zu ernst nehmen. Oder auch im sechsten Buch, den „Bekenntnissen einer schönen Seele", die den Übergang zur Turmgesellschaft und die Loslösung vom Theater durch einen epischen Schnitt unterstützen, deren pietistische Form religiöser Innerlichkeit (Grundlage waren Susanne von Klettenbergs Aufzeichnungen) von Natalie später behutsam korrigiert wird: „... eine sittliche und religiöse Ängstlichkeit ließen sie das der Welt nicht sein, was sie unter andern Umständen hätte werden können."

Ironie der Situation auch in den einzelnen Bildern, etwa wenn Natalie ihn in Philinens Schoß findet, oder wenn Wilhelm das, was er Mariane unberechtigterweise vorgeworfen hatte, selber bei Philine schätzt.

Das „ästhetische Ganze" dieses Romans ist das Zusammenwirken von Gegensätzen, in den Spiegelungen, Reihungen, Verweisen einzelner Aspekte zueinander und aufeinander. So erklären sich auch die Beziehungen der Personen zueinander.

Die Frauengestalten verweisen aufeinander, zu den tragenden Frauengestalten der Handlung gerät Wilhelm in engere sympathische Beziehungen, jede ist individuell verschieden (die sinnlich-lebensfrohe Philine, die tüchtige Therese usw.), jede sozusagen „Metamorphose" der Frauenpersönlichkeit. Prompt macht Wilhelm Therese einen Antrag und heiratet dann Natalie. Irrtum und Wandlung auch hier! Auch die Männer verkörpern individuelle Möglichkeiten menschlicher Lebens„bildung": Lothario (lebenspraktisch-aktiv), der Abbe (pädagogisch), Jarno (rational-skeptisch) usw.

Das Fremdartige, Naturhafte Mignons ist Symbol unbedingten Lebens in der reinen Poesie, dem der lyrisch unmittelbare Ausdruck in der Lyrik entspricht wie im Titellied des dritten Kapitels:

„Kennst du das Land, wo die Zitronen blühn,
Im dunkeln Laub die Gold-Orangen glühn,
Ein sanfter Wind vom blauen Himmel weht,
Die Myrte still und hoch der Lorbeer steht,
Kennst du es wohl?
Dahin! Dahin
Möcht ich mit dir, oh mein Geliebter, ziehn."

Mignon paßt zwar nicht in die bürgerlich-normale Welt, aber deswegen stirbt sie nicht im Bereich des „Turms" (wie in neueren Interpretationen zu lesen), sondern im Moment der festen Bindung Wilhelms an die praktisch-aktive Therese ist dieser (nicht generell ein bürgerlicher Lebensbereich) in einer solchen Phase der Nähe zum Genius der Poesie entnommen. Mignon kontrastiert der „schönen Seele" (diesen Begriff hat Schiller in „Anmut und Würde" so definiert, daß hier Neigung und Pflicht zusammenfallen) und ihrer Synthese von Anlage und Vernunft, da Mignon ganz im Sinnenhaft-Unbedingten lebt.

Daß Wilhelm eine freie Ausbildung der Persönlichkeit nur bei Adeligen für möglich hält, das hat man häufig zitiert als Beleg für den Aristokratismus des „Wilhelm Meister". Das wird aber weder durch den „Wilhelm Meister" gedeckt, noch entspricht es einer möglichen Autormeinung. Diese Äußerung Wilhelms wird doch durch seinen Lebensgang selber ironisiert und ganz nachdrücklich durch die Person des Grafen, der Wilhelm nicht „bilden" kann.

In dem Roman wird auch keine Idee als Maxime erkennbar, sondern als Möglichkeit einer vielfältigen Entwicklung dargestellt in ihren vielfältigen Varianten. Auch der Welt der Kunst, über die Wilhelm hinauskommt, wird nicht abgesagt, ihre „bildende" Möglichkeit wird im Vergleich mit anderen menschlichen Lebensbereichen gesehen. Für einen anderen Wilhelm, einen anderen Menschen könnte die Theaterwelt die glückliche Erfüllung der „Lehrjahre" sein, freilich immer einer vorläufigen Erfüllung, da eine sich „bildende" Persönlichkeit nach Goethe nicht stagnieren und sich beruhigen darf. Hier mit dem Romanende oder auch biographisch für eine Deutung als Absage an den künstlerischen Bereich (gar als grundsätzlichen Irrtum) argumentieren zu wollen, ist unsinnig! Goethe wehrt jede Vereinseitigung der Kunst ab, die nicht mehr offen für Welt, Natur und menschliches Leben ist. (Und so verstehe ich die Entwicklung im „Wilhelm Meister".) Aber er feiert sie gleichzeitig wie keinen anderen Bereich.

An dem Roman „Wilhelm Meister" haben sich Generationen von Dichtern und Schriftstellern im 19. Jahrhundert geschult.

Um gegen die Niveaulosigkeit im deutschen Schrifttum, überhaupt gegen Mittelmäßigkeit und Dilletantismus zu Felde zu ziehen, verfaßten Schiller und Goethe nun fast 1000 Epigramme, von denen aber nicht alle veröffentlicht wurden. Schiller nahm zwei Sammlungen in den „Musenalmanach" 1797 auf, die „Xenien" (nach den „Xenia" des Martial benannt) mit 414 Distichen und die „Tabulae votivae" (nachempfunden den Votivtafeln der Römer, die den Göttern dankten) mit 103 Distichen, die allgemeinere menschliche Erfahrungen aussprachen.

Die „Xenien" lösten wegen ihrer Schärfe und bissigen Ironie eine Menge an Aufregung aus, was bei bestimmten Betroffenen auch nicht verwunderlich war:

184. Nicolai

Nicolai reiset noch immer, noch lang wird er reisen,
Aber ins Land der Vernunft findet er nimmer den Weg.

273. An Madama B. . . und ihre Schwestern.

Jetzt noch bist du Sibylle, bald wirst du Parze, doch fürcht ich.
Hört ihr alle zuletzt gräßlich als Furien auf.

Nach dem „Xenienjahr" folgte das „Balladenjahr" von 1797, wozu neben einer Vielzahl von Balladen Schillers Goethe den „Schatzgräber", „Die Braut von Korinth", „Der Gott und die Bajadere", den „Zauberlehrling" und die „Legende" beitrug. Sie erschienen im „Musenalmanach" von 1798.

Goethe hat die Ballade geschätzt, weil sie das „Ur-Ei" des Poetischen sei. Sie vereinige nämlich Lyrisches, Dramatisches und Episches (was auch stimmt!). Jede Ballade hat bei ihm eine andere strophische und metrische Form. (So kann man trochäische Vierzeiler finden und Daktylen, trochäische Achtzeiler usw.) 1796 war noch eine Elegie in Distichen entstanden, „Alexis und Dora" (Alexis hatte Dora bis vor seiner Abreise nicht beachtet. Nun sinnt er über den Moment vor der Abreise nach, bei dem er die Liebe entdeckte und erlebte), die schon im Ton auf das Epos „Hermann und Dorothea" hinwies, das er im April 1797 abschloß. Daß er für dieses Epos von dem Berliner Verleger Vieweg ein Honorar von 1000 Talern bekam (eine für damalige Zeit ganz unglaubliche Summe), zeigt etwas von dem Ansehen Goethes, aber auch von seinem Selbstbewußtsein, denn der Honorarvereinbarung war ein Coup Goethes vorausgegangen. Er hatte dem Oberkonsistorialrat Böttiger als Vermittler bei Vieweg ein versiegeltes Billet mitgegeben, das seine Mindestforderung enthielt. Bot Vieweg so hoch oder mehr, war der Vertrag geschlossen. War das Angebot Viewegs niedriger, war der Vertrag geplatzt. Und der Verleger bot tatsächlich die 1000 Taler, die Goethe versiegelt benannt hatte.

Hermann und Dorothea

Dieses Epos in neun Gesängen folgt dem Vorbild Homers in seinen Bildern familiären Glücks und landschaftlicher Ruhe und Schönheit. Alle Gesänge tragen den Titel einer Muse mit einem anderen deutschen Untertitel. Nicht ohne Einfluß sind auch wohl die Idyllen von Voß, vor allem die „Luise".

Vor dem Hintergrund der Flucht von Bewohnern linksrheinischer Gebiete vor den französischen Revolutionstruppen (Quelle war eine Anekdote aus der „Vollkommenen Emigrationsgeschichte von denen aus dem Erzbistum Salzburg vertriebenen Lutheranern" von Glöcking; Goethe verlegt das Geschehen ins Rheinland) läuft ein kleines, privates Ereignis ab, das aber seine Bedeutung hat: Hermann, der Sohn eines Gastwirts, lernt Dorothea kennen, die mit den Flüchtlingen gekommen ist und tatkräftig für sie sorgt. Er hilft ihr, gewinnt sie lieb, aber der Vater möchte ihn mit einer reichen Frau verheiraten. Nach einigen Mißverständnissen (so etwa Hermanns Scheu, Dorothea voll einzuweihen in das, was seine Familie erwartet) folgt nach der offenen Aussprache das „happy end".

Die idyllische Behandlung des Epos und die epische Behandlung der Idylle erscheinen unpassend. Doch Goethe folgt Schillers Verständnis von einer Idylle, der anders als Geßner in ihr die dichterische Realisierung eines Ideals sieht. Keine Flucht also in eine arkadische Hirtenwelt (die Spannungen in der Familie waren offenkundig!) oder eine idealisierte Vergangenheit, sondern Bewährung in der Gegenwart. So ist denn auch die dialektische Spannung zwischen dem Revolutionstreiben in der Ferne und der bürgerlichen Idylle am heimischen Herd gegenseitig ironisierend verschoben. Die braven Bürger bleiben letztlich inaktiv, mit Ausnahme von Hermann, und kümmern sich nicht um die Flüchtlinge, reden aber ausführlich über das Weltgeschehen und nicht ohne verborgene und offen geäußerte Spannungen, während die Flüchtlinge durch die tatkräftige Dorothea vernünftig gelenkt werden, die überhaupt als die Fremde, Flüchtende die am meisten in sich ruhende Figur ist.

Anders als in den großen Weltepen wird hier der kleine überschaubare Bereich als Moment des großen Weltgeschehens sicher als ein Bewähren im Wirbel der Zeiten gesehen, aber die vermeintliche Idylle macht aufmerksam auf Versagen und Bewähren auf der einen und der anderen Seite. Insofern sind die Mißverständnisse symptomatisch.

Auch zu Goethes Zeit war die Distanz zur Antike nicht einfachhin aufzugeben. Den homerischen Sprachduktus auf die kleinbürgerliche Idylle zu übertragen, war zwar damals, zur Zeit eines Voß und Geßner, nicht so verfremdend, wie es heute erscheint, wo die Grenze zum Umschlag vom Erhabenen zum Lächerlichen eher erreicht ist. Doch auch hier fällt auf, daß der Ton des Hexameters sich ändert, wenn man vom gesprochenen Wort zum Erzählbericht kommt. Die Szene mit Hermann und Dorothea kurz vor dem Heim liest sich auch heute anders (empfindsam und schlichter) als die Worte etwa des Vaters.

Auch hier wieder die leicht-ironisierende Variation in der Darstellung, die wir bei Goethe schon kennen.

Weimar war um diese Zeit Zentrum der deutschen Kultur, wobei das nahe Jena hinzuzurechnen ist. Hier trafen sich Wilhelm und Alexander von Humboldt, Fichte, Schelling, Hegel, Kleist, die Gebrüder Schlegel, Jean Paul, Tieck, Novalis, Schiller, Goethe und Herder. Möglicherweise hat es nie eine Epoche intensiverer kultureller Begegnung gegeben als damals in dem kleinen Herzogtum Weimar. Sicher hat es später in Berlin, in München zur Zeit des Expressionismus etwa auch ähnlich intensiven Austausch gegeben, aber hier war das Zusammenwirken von Philosophen, Dichtern, Vertretern der gestaltenden Kunst, Naturwissenschaftlern doch wohl ungewöhnlich.

Ende Juli fuhr Goethe nach Frankfurt. Christiane und Sohn August sollten die Mutter kennenlernen, die sich übrigens immer liebe- und verständnisvoll zu dem illegitimen Verhältnis ihres Sohnes geäußert und Christiane von Anfang an akzeptiert hat. Nach einigen Tagen reiste seine Familie dann wieder ab, er selbst blieb noch zwei Wochen. Bevor er weiterreiste nach Tübingen zu dem Verleger Cotta, besuchte ihn Hölderlin, den er vordem schon einigemale getroffen hatte. Goethe empfing ihn sehr freundlich – konnte aber mit ihm nicht recht etwas anfangen. Es ist auch nicht bekannt, ob er seinen „Empedokles" überhaupt gelesen hat. Dann begab Goethe sich in die Schweiz, war wieder auf dem St. Gotthard, traf in Zürich Barbara Schultheß, verhielt sich aber reserviert, nachdem sie ihn offenbar (wegen Christiane?) verstimmt hatte, und reiste ab.

Was Goethe mit dem Verleger Cotta in Tübingen verabredet hatte, setzte er nach seiner Rückkehr nach Weimar ins Werk, die Herausgabe einer neuen Zeitschrift zusammen mit Schiller, die „Propyläen“ (Name für die Toranlage der Akropolis in Athen; symbolisch für den Vorhof der Kunst), die vornehmlich die bildenden Künste fördern sollte, und so schlugen sie Preisaufgaben für bildende Künstler vor, die sich gestaltend etwa an dem vorgegebenen Thema „Hektors Abschied“ oder „Perseus befreit Andromeda“ versuchen sollten. Das Echo war aber nicht so groß, wie erhofft.

Die Reise in die Schweiz war seine letzte größere Reise. 1801 fuhr er noch einmal nach Pyrmont und Göttingen, aber später besuchte er vornehmlich nur noch die böhmischen Bäder. 1803 wurde Riemer der Hauslehrer seines Sohnes. 1804 wurde Goethe zum Wirklichen Geheimen Rat ernannt mit dem Titel Exzellenz.

Um diese Zeit wurde auch die Schauspielerin Caroline Jagemann förmliche Nebenfrau des Herzogs, womit Luise, die Herzogin, einverstanden war (bei den häufigeren Eskapaden ihres Mannes wohl letztlich ein Akt der Klugheit, aber auch der Resignation). Aus dieser Ehe gingen drei Kinder hervor, und Caroline wurde geadelt, zur Frau von Heygendorf.

1803 besuchte auch Madame de Staël Weimar und Goethe. Die französische Schriftstellerin reizte ihn zwar zu ständigem Widerspruch, scheint aber sein Genie richtig erkannt zu haben.

1803 hatte Goethe die „Natürliche Tocher“ vollendet, im selben Jahr wurde das Schauspiel in Weimar uraufgeführt.

Die natürliche Tochter

Dieses Trauerspiel in fünf Akten geht auf die „Memoires historiques“ der Stéphanie-Louise de Bourbon-Conti zurück, die 1798 erschienen waren. In diesen Memoiren führt sie Klage gegen ihren Halbbruder, der ihre Anerkennung als Fürstentochter aus bourbonischem Geschlecht verhindern und ihren Status als illegitim Geborene (natürliche Tochter) festschreiben wolle. Die Memoirenschreiberin wird nun bei Goethe zur Hauptheldin Eugenie (der Name bedeutet schon „edelgeboren“), wie Goethe überhaupt auch die anderen Personen der Vorlage übernimmt. Bezeichnenderweise trägt nur die Hauptfigur einen Namen, alle anderen handelnden Personen sind mit Standesbezeichnungen eingeführt, wirken somit eher wie Funktionsträger.

Die Handlungsabfolge ist in wenigen Sätzen zu nennen: Eugenie soll von ihrem „natürlichen" Vater, dem Herzog, legitimiert werden. Der König akzeptiert dies Verlangen, und dann beginnen die Intrigen. Ihr Stiefbruder, der legitime Sohn des Herzogs, will ihre Anerkennung hintertreiben und hat überall seine Helfershelfer, darunter den Sekretär, den Weltgeistlichen und die Hofmeisterin (Eugeniens Erzieherin). Eugenie wird entführt, und dem Herzog wird ihr Tod gemeldet. Alle Instanzen, die Eugenie anläuft, weisen sie ab. Vor die Wahl gestellt zwischen endgültiger Verbannung auf einer Insel und bürgerlicher Heirat, entscheidet sie sich für die Ehe mit einem Gerichtsrat.

Geplant hatte Goethe den Fünfakter als ersten Teil einer Trilogie. Dieser Plan ist aber nicht mehr ausgeführt worden. Goethe will in der „Natürlichen Tochter" das historische Phänomen der Französischen Revolution dichterisch bewältigen. Auffällig ist nun, daß das revolutionäre Geschehen selber gar nicht dargestellt ist, die Revolution erscheint als unheilvolle Macht nur am Horizont, in ihren gesellschaftlichen Voraussetzungen angedeutet, in ihrer chaotischen Macht erspürt, in ihrer anonymen Wirkung auf das Individuum gestaltet. Dieses Stück ist eigentlich ein Lesedrama, da bei einer Aufführung die Vielzahl der motivischen und symbolischen Verweise kaum nachvollziehbar ist. Tatsächlich aber strukturieren sie die innere Handlung des Stücks, und von daher ist die eminent sprachkünstlerische Gestaltung erst erkennbar (so das Motiv des Erscheinens und Verschwindens, des Aufsteigens und Absteigens, das symbolische Bedeutung hat, das Licht-, Gold-, Netz-, Labyrinth-, Elemente-Motiv u. a.).

Das beginnt schon am Anfang mit dem Sturz Eugeniens vom Pferd, das den vermeintlichen späteren tödlichen Sturz, der dem Herzog eingeredet wird, vorbereitet. Eugenie will zur „Erscheinung" kommen („Der Schein, was ist er, dem das Wesen fehlt? Das Wesen, wär' es, wenn es nicht erschiene?"), dieses Erscheinen wird verhindert durch widersetzliche Mächte, die signalisiert werden mit dem Netz-Motiv, dem Labyrinth-Motiv usw.

Alles ist den unausweichlichen geschichtlich-dunklen Mächten unterworfen, überall begegnet Eugenie diesem Netzwerk geschichtsmächtiger Gewalten, die das Individuum an seiner Entfaltung hindern. Auch der König selber, der mit dem frondierenden Adel zu tun hat, scheint machtlos zu sein:

„O diese Zeit hat fürchterliche Zeichen:
Das Niedre schwillt, das Hohe senkt sich nieder . . .“

Am Schluß klingt wieder das Entsagungs-Motiv an, das freilich nicht als restlose Resignation zu deuten ist, denn Eugenie will bessere Zeiten abwarten und hofft! Es ist ein Einsehen in die begrenzten Möglichkeiten des Machbaren.

Wer vermißt, daß hier keine revolutionären Gruppen des dritten und vierten Standes agieren und damit die Absicht einer Gestaltung der Französischen Revolution gar nicht erreicht wird, der übersieht, daß für Goethe Revolution mit Anonymität zu tun hat, und in der „Natürlichen Tochter“ sind es die anonymen Mächte, die letztlich den Sekretär usw. steuern (denn der herzogliche Sohn, der übrigens nie auftritt, kann allein nicht diese Macht haben), der deswegen mit den anderen (Weltgeistlicher etwa) am Schluß auch „verschwindet“. Die „Natürliche Tochter“ ist selbstverständlich kein historisches Dokument, in Kunst widergespiegelt, sondern gestaltet die Ängste, Befürchtungen Goethes (wenn man hier biographisch urteilt) hinsichtlich eines Phänomens, das ihn zeitlebens als Gefährdung des Individuums bedrückt hat. Nichts steht dagegen, Goethes politische Perspektive als falsch abzulehnen, alles steht aber dagegen, einen politischen Standpunkt für die Beurteilung von Kunst zu veranschlagen.

Am 9. 5. 1805 starb Schiller! Dieser frühe Tod des Mannes, der sein Leben und Schaffen über zehn Jahre lang begleitet hatte und der ihm ein unersetzlicher Gesprächspartner war, traf Goethe tief. Als er von Christiane die Nachricht erhielt, war er selber krank und so betroffen, daß er tagelang keinen bei sich sehen wollte.

Gleichzeitig endete damit, was man die eigentliche hochklassische Weimarer Zeit nennt, die Jahre mit Schiller von 1794–1805.

V. Lösest endlich auch einmal meine Seele ganz

Die späten Weimarer Jahre

(1805–1832)

1806 konnte Goethe den ersten Teil des „Faust“ abschließen und erholte sich im Sommer sieben Wochen in Karlsbad. Inzwischen drang Napoleon immer weiter vor, der Kaiser Franz II. dankte ab, und am 14. 10. 1806 fand die Entscheidungsschlacht bei Jena und Auerstädt, also auf weimarischem Gebiet, gegen die preußischen Truppen statt. Nach dem Sieg besetzten die französischen Truppen Weimar, der Herzog befand sich bei den preußischen Truppen, Napoleon nahm Quartier im Schloß. Die Herzogin Luise mußte dem Imperator wohl klug und tapfer entgegengetreten sein; denn Napoleon bestand nur auf einer hohen Kriegssteuer und dem Ausscheiden des Herzogs aus preußischen Diensten. Es war durchaus zu befürchten gewesen, daß der Korse das Herzogtum mit einem Federstrich auslöschen würde. Übrigens berief Napoleon auch den „Geheimen Conseil“ zum 16. 10. zu einer Audienz, Goethe ließ sich entschuldigen. Am 15. 12. kam es schließlich zum Posener Friedensschluß mit der Konsequenz, daß Weimar dem Rheinbund beitreten mußte (der französisches Protektorat war, die Mitglieder des Rheinbundes mußten Napoleon im Bedarfsfall Truppen zur Verfügung stellen; Weimar war also mit Napoleon verbündet!)

In der Nacht nach der Jenaer Schlacht wurde geplündert, und in Goethes Wohnung sind offensichtlich randalierende Soldaten eingezogen. Es schien besonders Christianes Courage gewesen zu sein, die Schlimmeres verhüten konnte.

Das Haus erhielt dann eine Sicherheitswache, aber möglicherweise war das nächtliche Geschehen auch ein Grund dafür, daß Goethe nicht zur Audienz erschien. Schon zwei Tage nach dem Ereignis beantragte Goethe die offizielle Eheschließung mit Christiane, und am 19. 10. wurden sie in der Sakristei der Stadtkirche getraut. Hier spielte sicher auch der spontane Dank für das entschlossene Eingreifen Christianes eine Rolle, aber auch die Sorge um den jetzt heranwachsenden Sohn August. Einige Monate vorher war nämlich noch eine Reise Augusts nach Berlin gescheitert, weil er dort nicht gut unter dem Namen seines Vaters auftreten konnte bzw. anderenfalls Aufsehen erregt hätte. Nun war Christiane Frau von Goethe, und man konnte sie nicht länger bei Einladungen übergehen. Johanna Schopenhauer, die Mutter des Philosophen Arthur Schopenhauer, die in Weimar lebte, schrieb ihrem Sohn am 24. 10.: „Ich empfing sie, als ob ich nicht wüßte, wer sie vorher gewesen wäre, ich denke wenn Goethe ihr seinen Namen gibt, können wir ihr wohl eine Tasse Tee geben." Dem nichts hinzuzufügen ist!

1808 traf dann Goethe, der seinen Herzog zum Fürstentag nach Erfurt begleitete, tatsächlich Napoleon in einer Audienz am 2. Oktober, sprach nach Augenzeugenberichten mit ihm unter anderem über den „Werther", den Napoleon gelesen hatte, und war selber, wie er später bekannte, von der „dämonischen" Erscheinung Napoleons beeindruckt.

1807 suchte ihn Bettina Brentano, die Tochter Maximilianes, auf, die später Achim von Arnim heiratete. Sie wußte von der früheren Zuneigung zwischen Goethe und ihrer Mutter und begann, Goethe anzuhimmeln. Als sie sich dann bei einem späteren Besuch (1811) unmöglich zu Christiane benahm, warf Goethe sie aus dem Haus heraus und beantwortete keinen ihrer Briefe mehr.

Es scheint so zu sein, daß er im Winter 1807/08 eine Zuneigung zu Minchen Herzlieb (Pflegetochter des Verlegers Frommann, bei dem er verkehrte) faßte. Wie weit diese Zuneigung ging, darüber kann man aber bei der Quellenlage nur spekulieren. Ähnliches ist von der Beziehung zu Sylvie von Ziegesar zu sagen, mit der er im Karlsbader Sommer von 1808 viel zusammen war, aber bei Sylvie selber scheint ebenso wie bei Goethe etwas mehr als Zuneigung im Spiele gewesen zu sein. Aus einem Brief der Luise Seidler vom 4. 6. 1809 ist zu entnehmen, daß Sylvie bei einem plötzlichen Wiedersehen „in die Stube und an seinen Hals" flog. „Ich konnte nicht hinsehen; alles war in peinlicher Verlegenheit." In dem Zyklus „Sonette", der später (1815) erschien, dessen Sonette aber vornehmlich aus dieser Zeit stammen, klingen Bezüge von diesen Begegnungen mit Minchen und Sylvie an. Das erste Sonett ist das bekannte „Mächtiges Überraschen", in den anderen wird durchweg mehr von dieser halb väterlichen, halb neu-beschwingten Stimmung deutlich, aber auch andere Nuancen (leichte Resignation, mehr Realistik usw.)

„Entwöhnen sollt ich mich vom Glanz der Blicke,
Mein Leben sollten sie nicht mehr verschönen.
Was man Geschick nennt, läßt sich nicht versöhnen,
Ich weiß es wohl, und trat bestürzt zurücke.

1809 erschienen „Die Wahlverwandtschaften". Noch 1807 hatte Goethe den ersten Teil des Romans als Novelle angelegt, um diese in die „Wanderjahre“ aufzunehmen. Dann erweiterte er die „Wahlverwandtschaften“ zum Roman, in der Ottilie ist übrigens wohl manches von Minchen Herzlieb angedeutet.

Die Wahlverwandtschaften

Mit dem Begriff Wahlverwandtschaften entlehnt Goethe einen Terminus aus der Naturwissenschaft, womit das Verhalten chemischer Elemente bezeichnet wird, bei Annäherung an andere Stoffe ihre Verbindung zu lösen und mit neuen Elementen Verbindungen einzugehen. Übertragen auf den menschlichen Bereich, gestaltet Goethe ein im Grund Schillersches Problem, das der Notwendigkeit und Freiheit. Auch der Mensch unterliegt nach Schiller (und Kant) Naturnotwendigkeit und -gegebenheiten, denen kann er aber sein sittliches Vermögen entgegenstellen, und zwar in freiheitlicher Entscheidung. Goethes „Lösung“ des tragischen Konflikts ist aber keine ausschließliche Entscheidung für einen Sieg der praktischen Vernunft und freiheitlichen Sittlichkeit.

Die Wahlverwandtschaften-Konstellation wird schon am Anfang des Romans begründet. Nach ersten konventionellen Ehen haben Charlotte und Eduard, ein wohlhabender Baron, heiraten können. Eduard möchte seinen alten Freund Otto, einen Hauptmann, zu sich auf das Landgut kommen lassen, und Charlotte stimmt nach anfänglicher Skepsis zu, will aber ihrerseits ihre Nichte Ottilie kommen lassen. Damit ist das Wahlverwandtschaften-Ensemble komplett. Nun ist von der magisch-elementaren Anziehungskraft (die den sich anziehenden Elementen gleicht!) zwischen Eduard und Ottilie die Rede, während der Hauptmann und Charlotte ihre ebenfalls wachsende Zuneigung bekämpfen und zu kultivieren versuchen. Während dann eines Nachts Eduard und Charlotte miteinander schlafen, begehen sie geistigen Ehebruch („Eduard hielt nur Ottilien in seinen Armen; Charlotten schwebte der Hauptmann näher oder ferner vor der Seele . . .“) Während nun Charlotte sich zur Entsagung entschließt und der Hauptmann abreist, ist Eduard nicht zum Verzicht bereit, auch wenn er sich nun verzweifelt in den Krieg begibt. Damit endet der erste Teil des Romans, der – wie gesagt – novellistisch angelegt ist mit der „unerhörten Begebenheit“, daß in der genannten Liebesnacht ein Kind gezeugt wird, das Ähnlichkeiten mit dem Hauptmann und Ottilie hat.

Im zweiten Teil entwickelt sich, mit symbolischen Vorausdeutungen im ersten Teil, das Erzählte zum Roman. Das Gesellschaftliche erhält größeren Raum, es sind Tagebuchreflexionen eingebaut, auch die Novelle von den „Wunderlichen Nachbarskindern“ (die auf das Geschehen der Haupthandlung verweist), insgesamt konzentriert sich das Erzählen mehr auf Ottilie, die zur Hauptfigur wird. Die beiden zurückgebliebenen Frauen erhalten Besuch von Luciane, der lauten und gefallsüchtigen Tochter Christianes, die kontrastierend von dem sanften Wesen und edlen Charakter Ottiliens abgehoben wird. Eduard kehrt zurück, und Ottilie ist bereit zur Ehe, wenn auch Charlotte zustimmt. Ihre innere Erregung führt bei einer Kahnfahrt mit dem Kind zur Katastrophe, das Kind ertrinkt.

Nun ist auch Charlotte bereit zum Verzicht in der Einsicht, daß Naturnotwendigkeiten (Liebe Ottilie–Eduard) nicht zu hemmen sind. Da aber entsagt Ottilie, von Schuld getrieben, will nur noch in tätiger Nächstenliebe leben und fortgehen. Eduard hält sie zurück, worauf sie jede Aufnahme von Speise verweigert und stirbt, Eduard kurze Zeit darauf. Ottilie aber wird nach ihrem Tod wie eine Heilige verehrt. Der legendenhafte Schluß bestätigt im Grunde ihren Tod als tragische Notwendigkeit, da sie weder ihre natürliche elementare Liebe noch ihr sittliches Empfinden vereinen kann.

Das ganze Geschehen hat die Einzelepisoden und Situationen leitmotivisch verbunden (der gemeinsam empfundene Kopfschmerz von Eduard und Ottilie etwa, selbst die Handschriften gleichen sich an usw.). Die nämliche Funktion haben die anderen auftretenden Personen, so etwa der Besuch des gräflichen Liebespaars, so immer der Besuch des Mannes mit dem bezeichnenden Namen Mittler, der immer nützlich sein will und stets Unheil heraufbeschwört. Das Ganze ist ein kunstvolles Gewebe von Wiederholungen, Varianten, Steigerungen in den Szenen und Begegnungen. Während der Hauptmann und Charlotte reifer wirken und in ihnen letztlich die sittliche Entscheidung sich durchsetzt, sind Eduard und Ottilie unbedingt Liebende, womit ihr Konflikt von vornherein tragischer angelegt ist. Freilich ist dabei Ottilie noch gesteigert in der Unbedingtheit ihrer Natur und ihres Charakters, und ihr gelten auch die in diesem mit behutsamer Ironie Erzählten die einzigen gänzlich ironiefreien Passagen.

Goethe hat übrigens eine Reihe von geselligen Texten gedichtet, von denen einige zu sehr bekannten Liedern wurden, so „Ich hab mein Sach auf Nichts gestellt“ und das bekannte „Ergo bibamus“, von dem wir drei Strophen folgen lassen. Das Lied ist vom Frühjahr 1810.

Hier sind wir versammelt zu löblichem Tun,
Drum, Brüderchen! Ergo bibamus.
Die Gläser sie klingen, Gespräche sie ruhn,
Beherziget Ergo bibamus.
Das heißt noch ein altes, ein tüchtiges Wort,
Es passet zum ersten und passet so fort,
Und schallet ein Echo vom festlichen Ort,
Ein herrliches Ergo bibamus!

Ich hatte mein freundliches Liebchen gesehn,
Da dacht ich mir: Ergo bibamus.
Und nahte mich traulich, da ließ sie mich stehn;
Ich half mir und dachte: Bibamus.
Und wenn sie versöhnet euch herzet und küßt,
Und wenn ihr das Herzen und Küssen vermißt,
So bleibet nur, bis ihr was Besseres wißt,
Beim tröstlichen Ergo bibamus.

Mich ruft das Geschick von den Freunden hinweg;
Ihr Redlichen! Ergo bibamus.
Ich scheide von hinnen mit leichtem Gepäck,
Drum doppeltes Ergo bibamus.
Und was auch der Filz von dem Leibe sich schmorgt,
So bleibt für den Heitern doch immer gesorgt,
Weil immer dem Frohen der Fröhliche borgt;
Drum Brüderchen! Ergo bibamus.

1810 schloß Goethe eine langjährige Arbeit ab, ein umfangreiches Werk in zwei Bänden mit über 1000 Seiten, „Zur Farbenlehre", in dem er im Gegensatz zu Newton beweisen will, daß alle Farben durch Trübung, Zusammenwirkung von Hell und Dunkel entstehen, Newton hatte die These vertreten, daß im Weiß alle anderen Farben vorhanden sind (was richtig ist!).

1811 begann der Abdruck des ersten Bandes seiner Autobiographie „Dichtung und Wahrheit", der 2. Teil folgt 1812, der 3. Teil 1814, der 4. Teil nach seinem Tode.

1812 trifft Goethe in Teplitz die damals 25jährige österreichische Kaiserin Maria Ludovica wieder, die er schon in dem Sommer 1810 in Karlsbad kennengelernt hatte. Goethe las ihr bei zahlreichen Begegnungen vor, und auch hier wurde in Weimar, in

Teplitz und vielleicht auch in Wien allerhand getuschelt über eine mögliche Zuneigung.

In Teplitz traf Goethe ebenfalls häufiger mit Beethoven zusammen, der ihm auch vorspielte.

Die Völkerschlacht bei Leipzig leitete Napoleons Sturz ein (1813). Der Rheinbund zerbrach, der Herzog schloß sich nach einigen Monaten des Lavierens der antinapoleonischen Koalition an und befehligte dann ein Armeekorps. Ende April 1814 reiste er zur Abdankung des Kaisers nach Paris. Goethe, der dem allen mit gemischten Gefühlen gegenüberstand, reiste im Juli 1814 nach Wiesbaden und dann nach Frankfurt. Hier traf er u.a. den Geheimrat Willemer, mit dem seit langen Jahren Marianne Jung lebte.

Noch war diese Begegnung nur ein erstes Kennenlernen mit Marianne. Im August erlebte er das Sankt-Rochus-Fest in Bingen, das er sehr anschaulich geschildert hat, Ende September besuchte er in Heidelberg die Sammlung alter Meisterwerke, von Boisserée arrangiert. 1815 fuhr er wieder an den Rhein, Main und Neckar. Nun traf er erneut Marianne, die inzwischen die Ehe mit Geheimrat v. Willemer geschlossen hatte (Geheimräte neigen anscheinend zu verspäteten Eheschließungen!). Goethe war von Mitte August bis Mitte September Gast auf der Gerbermühle, dem Wohnsitz Willemers bei Frankfurt, und nun „funkte“ es, und zwar offenbar bei beiden mit elementarer Zuneigung, wohl auch schon vor dem August. Literaturgeschichtlich ist von besonderer Bedeutung, daß im Zusammenspiel mit diesem Liebeserlebnis sich eine intensive lyrische Produktion entfaltete, der „West-östliche Divan“.

Goethe hatte die Gedichte des Persers Hafis in einer Übersetzung 1814 kennengelernt, war fasziniert von Geist und Ton dieser östlichen Dichtkunst und machte den „Divan“, schöpferisch angeregt, zu einem lyrischen Austausch westlichen und östlichen Geistes. Das freilich nicht ganz alleine, wie sich erst 1869 herausstellte, sondern die begabte Marianne v. Willemer hat eigene lyrische Produktionen für den „Divan“ geliefert und verbirgt sich hinter dem Part der Suleika. Die leidenschaftliche Empfindung für Marianne und die anregende Lektüre Hafis’ führte so zu einer neuen, ganz intensiven dichterischen Produktivität.

West-östlicher Divan

Der persische Dichter Hafis (oder: Hafez) aus dem 14. Jahrhundert hatte seiner Gedichtsammlung den Titel „Divan" gegeben (was soviel heißt wie Versammlung/Sammlung; hier: von Gedichten), und Goethe behält diesen Namen bei.

Goethe teilt seinen „Divan" in zwölf Bücher ein. Das erste Buch, das Buch des Sängers, stellt die Begegnung von Ost und West als Aufbruch dar (Hedschra: Ritt des Propheten von Mekka nach Medina; daher übrigens auch der Name Hadschi, den alle Karl-May-Leser kennen), auch als Flucht vor dem politischen Zeitgeschehen. Im Buch Hafis zeigt sich die Besonderheit östlicher Dichtung und orientalischen Lebens. Das Buch der Liebe handelt von verschiedensten Schicksalen, auch Modellen der Liebe (anders als im Buch Suleika später, wo es nur um ein Liebespaar geht). Die drei Bücher der Betrachtungen, des Unmuts und der Sprüche sind verwandt und enthalten Lehr- und Spruchdichtung, und hier auch durchaus altdeutsche Sprüche. Das Buch des Timur stellt die Beziehung vom Feldzug Timur Lenks zum Napoleon-Feldzug gegen Moskau her. Das Buch Suleika, das umfangreichste, enthält vor allem die Gedichte vom Herbst 1815, in dem ein Paar, Hatem und Suleika, im Mittelpunkt stehen. Das Buch ist mit vielen dialogisch einander antwortenden Gedichten ausgestattet, in vielen orientalischen Motiven und Bildern drückt sich das individuelle Erlebnis aus. Auch das Schenkenbuch hat die Liebe zum Thema (reifer Dichter zu schönem Knaben), was aber bei Goethe auf die Belehrung des Jungen abgestimmt ist. Das Buch der Parabeln bringt in gleichnishafter Form vornehmlich Themen der Entsagung, der Selbstbeschränkung. Das Buch der Parsen enthält die Abschiedsworte eines sterbenden Parsen (= Anhänger Zarathustras). Schließlich kommt im Buch des Paradieses das Thema der paradiesischen Erfüllung auf.

Der ganze Zyklus bietet einen auffallenden Wechsel von Formen, Tönen, dabei wird er aber strukturiert durch eine Wiederkehr vertrauter und verwandter Motive. Goethe nimmt dabei inhaltlich häufiger Gedanken und Themen aus Hafis' „Divan" auf, lehnt aber eine Angleichung in der Form ab. So hat er keine Ghaselen von Hafis übernommen (die am Ende jeder zweiten Zeile immer wieder dasselbe Wort bringen). Es ist übrigens auffällig, daß in den Gedichten Marianne von Willemers das spielerisch-ironische Element fehlt, das man bei Goethes Gedichten im „Divan" so oft findet. Möglicherweise verrät sich hier der letztlich realistischere und reifere Blick des Älteren hinsichtlich ihrer Situation, während Marianne emotional-situationsgebundener antwortet.

Einige Beispiele aus dem „Buch Suleika" erklären sich besser in ihrer Vielgestaltigkeit und lyrischen Sonderheit, als es lange Kommentare vermögen:

An vollen Büschelzweigen,
Geliebte, sieh nur hin!
Laß dir die Früchte zeigen,
Umschalet stachlig grün.

Sie hängen längst geballet,
Still, unbekannt mit sich,
Ein Ast, der schaukelnd wallet
Wiegt sie geduldiglich.

Doch immer reift von innen
und schwillt der braune Kern,
Er möchte Luft gewinnen
Und säh die Sonne gern.

Die Schale platzt und nieder
Macht er sich freudig los;
So fallen meine Lieder
Gehäuft in deinen Schoß.

Komm, Liebchen, komm! umwinde mir die Mütze!
Aus deiner Hand nur ist der Tulbend schön
Hat Abbas doch, auf Irans höchstem Sitze,
Sein Haupt nicht zierlicher umwinden sehn!

Ein Tulbend war das Band, das Alexandern
In Schleifen schön vom Haupte fiel,
Und allen Folgeherrschern, jenen andern,
Als Königszierde wohlgefiel.

Ein Tulbend ist's, der unsern Kaiser schmücket,
Sie nennen's Krone. Name geht wohl hin!
Juwel und Perle! sei das Aug entzücket!
Der schönste Schmuck ist stets der Musselin.

Und diesen hier, ganz rein und silberstreifig,
Umwinde, Liebchen, um die Stirn umher.
Was ist denn Hoheit? Mir ist sie geläufig!
Du schaust mich an, ich bin so groß als er.

1819 ist der „West-östliche Divan“ erschienen, in erweiterter Fassung 1827. Goethe gab zur Veröffentlichung noch „Noten und Abhandlungen zu besserem Verständnis des West-östlichen Divan“ bei, die mit dem Orient, seiner Geschichte, Religion, Kultur vertraut machen sollten.

Durch die Beschlüsse des Wiener Kongresses von 1814–15 wird Weimar Großherzogtum, und der Herzog darf den Titel Königliche Hoheit tragen. Das Großherzogtum hat jetzt etwa 180 000 Landesbewohner. Goethe erhält die Oberaufsicht über die Anstalten für Wissenschaft und Kunst und wird Staatsminister. (Der Herzog hatte die Regierungsorganisation modernisiert, aus dem Geheimen Conseil entstehen Ministerien.) Goethe war auch noch Theaterintendant bis 1817, zog sich aber von diesem Amt zurück, als Frau von Heygendorff, die Nebenfrau des Herzogs, gegen seinen Willen ein Schauspiel ansetzte, in dem ein dressierter Pudel die Hauptrolle spielte.

Für die Berliner Bühne verfaßte Goethe ein Festspiel anläßlich der Befreiung von der napoleonischen Herrschaft, das 1815 aufgeführt wurde, „Das Epiminedes Erwachen“.

Als neues Journal für seine Veröffentlichungen gründete er die Hefte „Über Kunst und Alterthum in den Rhein und Mayn Gegenden“ (mit unregelmäßiger Folge der Hefte und trotz des eingrenzenden Titels für alle kulturellen Themen gedacht).

1815 wurde in Jena die Burschenschaft gegründet. 1816 gab sich das Großherzogtum eine Verfassung, in der erstmals nach der Erklärung von Virginia 1776 und der Erklärung der Menschenrechte von 1789 die Pressefreiheit garantiert wurde. Kein Wunder, daß progressive politische Köpfe auf das kleine Land aufmerksam wurden. Aufgrund von streitbaren Artikeln, die nun in Jena gegen die Fürsten erschienen, war Goethe dann für ein Verbot der Zeitschrift „Isis“, und auch der Herzog warnte die Verantwortlichen, wollte aber die Pressefreiheit beibehalten. 1817 stellte er den Studenten die Wartburg für eine Veranstaltung zur Verfügung, und es gab neue Unruhen. Als Kotzebue 1819 in Karlsruhe ermordet wurde, wurden die sogenannten Karlsbader

Beschlüsse erlassen (Vorzensur eingeführt, Burschenschaften unterdrückt usw.).

Im Juni 1816 starb Christiane nach längerem Todeskampf (wahrscheinlich Blutvergiftung wegen eines Nierenversagens). Am Todestag schrieb der tief erschütterte Goethe

„Du versuchst, o Sonne, vergebens
Durch die düstren Wolken zu scheinen!
Der ganze Gewinn meines Lebens
Ist, ihren Verlust zu beweinen."

Er war wochenlang deprimiert und so geschockt, daß er in reiner Passivität verweilte.

Ein Besuch im Herbst 1816 blieb in Verbindlichkeiten stecken: Charlotte Kestner, die Lotte aus Wetzlar, kam für mehrere Wochen nach Weimar, aber die alten Tage waren nicht wieder einzuholen, und Thomas Manns „Lotte in Weimar" gibt wohl durchaus etwas von der damaligen Atmosphäre wieder.

August v. Goethe vermählte sich Juli 1817 mit Ottilie v. Pogwitsch, und drei Kinder gingen aus dieser Ehe hervor (Walther 1818, Wolfgang 1820 und Alma 1827). Aber die temperamentvolle Ottilie und der etwas behäbige Sohn Goethes paßten nicht recht zusammen. Dazu kam sicher, daß August zeitlebens den Schatten seines übermächtigen Vaters spürte und das seine psychologischen Folgen hatte. Die Streitereien mit dem Sohn standen im Gegensatz zu der Anhänglichkeit Ottiliens an den Vater, die an Verehrung grenzte. Keine gute Konstellation! August von Goethe starb 1830 an plötzlicher Krankheit in Rom.

Im Oktober 1817 entstanden die Stanzen „Urworte. Orphisch", in denen er, anknüpfend an die sogenannte orphische Dichtung (Sprüche in der Tradition des sagenhaften Sängers Orpheus), den Einfluß bestimmter Grundmächte auf das menschliche Leben thematisiert. Die mitgegebene Anlage (daimon) bestimmt die Geburt, der Zufall (tyche) die Jugend, die Liebe (eros) die Lebenswende, der Zwang (ananke) die Jahre arbeitsreichen Lebens, und die Hoffnung (elpis) bestimmt das Alter.

Spruchdichtung zieht sich durch das gesamte Alterswerk Goethes hindurch, und einen Teil von Epigrammen und Spruchdichtungen überhaupt veröffentlichte er dann 1820 als „Zahme Xenien", um sie von den sarkastischen Xenien der Schiller-Zeit abzusetzen.

Auch die naturwissenschaftlichen Studien setzten sich fort, die er ab 1817 in einer besonderen Schriftenreihe veröffentlichte „Zur Naturwissenschaft überhaupt, besonders zur Morphologie".

Drei Sommer nacheinander fuhr Goethe dann von 1821 an

nach Marienbad, schon 1821 wohnte er da unter anderem mit der Familie der verwitweten Amalie von Levetzow, die mit ihren drei Töchtern zur Kur gekommen war, in einem Haus.

Man traf sich zu Gesellschaftsspielen, Spaziergängen usw. Die älteste Tochter, Ulrike, war damals schon aufmerksame Zuhörerin, wenn er ihr etwas aus dem Roman „Wilhelm Meisters Lehrjahre“ erzählte, den sie nicht kannte. 1822 traf man sich wieder, auch nun war man im ständigen Umgang. Beim dritten Zusammensein in Marienbad erfaßte dann ein letztesmal in seinem Leben den inzwischen über Siebzigjährigen eine heftige Leidenschaft, so daß er um die Hand Ulrikes anhielt. Und der Großherzog selber machte den Brautwerber (mit der Zusicherung einer Position am Hofe für die Mutter und einer Rente für die Familie). Man kann daran sehen, wie ernst es Goethe in dieser Situation mit seinem Antrag war. Eine zögernde Antwort Ulrikes, wohl auch der Widerstand der Mutter wegen des zu großen Altersunterschiedes, gab dann den Ausschlag für die Trennung. Wie tief ihn diese Erfahrung getroffen hatte, zeigt die „Marienbader Elegie“, die beginnt mit der Frage „Was soll ich nun vom Wiedersehen hoffen, von dieses Tages noch geschloßner Blüte?“ und die mit der Schlußstrophe so schließt

„Mir ist das All, ich bin mir selbst verloren.
Der ich noch erst den Göttern Liebling war;
Sie prüften mich, verliehen mir Pandoren,
So reich an Gütern, reicher an Gefahr;
Sie drängten mich zum gabeseligen Munde,
Sie trennen mich, und richten mich zugrunde.“

In diese Elegie geht die ganze Trauer, der Schmerz, aber auch die entsagende Erkenntnis ein, daß unwiderruflich eine letzte, große „unvernünftige“ Leidenschaft scheitern mußte.

Goethe vereinigte die Marienbader Elegie mit zwei anderen Gedichten („An Werther“ und „Aussöhnung“) zu einem Zyklus „Trilogie der Leidenschaft“, wobei das Gedicht an Werther als Zwiegespräch sozusagen mit der jüngeren Möglichkeit seiner selbst etwas von der Hoffnungslosigkeit dieser Tage zeigt, mit den sehr bezeichnenden Schlußversen der ersten Strophe

„Zum Bleiben ich, zum Scheiden du erkoren,
Gingst du voran – und hast nicht viel verloren.“

In seinem letzten Lebensjahrzehnt widmete sich Goethe mit Intensität seinen letzten großen Projekten, so den „Wanderjahren“, dem „Faust“, soweit eine immer größer werdende Zahl von Besuchern und Gästen ihm die Zeit dafür ließ. Engeren Kontakt hatte er nur zu einer kleinen Gruppe von Vertrauten, Freunden und Mitarbeitern, so zum Kanzler von Müller, zu dem Musiker Carl Friedrich Zelter, zu Heinrich Meyer, dem Philologen Friedrich Wilhelm Riemer, dem Naturforscher Frédéric Soret (der als Prinzenerzieher nach Weimar kam), seinem Arzt Karl Vogel und seit 1823 zu Johann Peter Eckermann, der zu einem seiner allerengsten Mitarbeiter wurde, und dessen „Gespräche mit Goethe" zu einem wichtigen Dokument jener Zeit geworden sind.

Sehr hing er an seinen Enkelkindern, denen er ein liebevoller Großvater mit offenbar sehr viel Geduld gewesen sein muß. 1825 ließ der Herzog das fünfzigjährige Jubiläum seines Kommens nach Weimar mit einem würdigen Fest begehen. Alle Minister und Honoratioren versammelten sich zu seiner Ehrung. Abends wurde die „Iphigenie" im Theater gegeben, seine Anwesenheit mit stürmischem Applaus begrüßt, Goethe war „zugegen bis in den dritten Akt".

1827 vollendete er die „Novelle".

Novelle

Goethe hatte schon 1797 den Plan zu einem Epos im Stile von „Hermann und Dorothea" mit dem Titel „Die Jagd", er verfolgte den Entwurf aber auf Anraten Schillers und Humboldts nicht weiter. Nun entfaltete er die Thematik in der strengen novellistischen Form, mit dem exemplarischen Titel „Novelle". Die Handlung gipfelt am Schluß in einer „unerhörten Begebenheit": Während ein jungvermählter Fürst sich auf die Jagd begibt, will der Onkel des Fürsten der Fürstin eine Burgruine zeigen, auch der Junker Honorio begleitet das Paar auf dem Ritt dorthin. In der Stadt ist ein Jahrmarkt, und die Ausflügler müssen feststellen, daß dort ein Feuer ausgebrochen ist. Sie begeben sich dorthin, als die Fürstin von einem Tiger erschreckt wird, der aus einer Menagerie des Jahrmarkts ausgebrochen ist. Honorio erschießt das Tier. Da kommt die Frau des Schaubudenbesitzers mit ihrem Jungen und beklagt den Tod des anscheinend zahmen Tieres. Auf dem Heimweg trifft man mit der Jagdgesellschaft des Fürsten zusammen und mit dem Schaubudenbesitzer, der darum bittet, daß man wenigstens den Löwen verschonen möge, der auch ausgebrochen ist. Der Löwe hat sich bei der Ruine gelagert, und der Besitzer verbürgt sich dafür, daß der Knabe mit seinem Flötenspiel und Gesang das Tier besänftigen könne und gefahrlos in den Käfig bringen. Was dann auch geschieht!

Während im ersten Teil der Novelle das Menschlich-Planende

und Kultivierte vorherrscht (auch die Natur ist kultiviert, und wo sie ungeordnet ist wie bei der Ruine, soll sie verbessert werden), ändert sich das im zweiten Teil durch den Einbruch elementarer Mächte. Zunächst werden alle Sequenzen des Geschehens vorausgedeutet, so macht der Onkel die Fürstin durch Skizzen vertraut mit der Ruine, so unterrichtet der Fürst seine Frau über den Jahrmarkt, ehe sie dort anlangen, so erzählt der Onkel von einem Brand, ehe er sich ereignet. Auch die Sprache wandelt sich im Fortschreiten des Erzählens: rhythmisch wohlgegliederte, meist parataktische Sätze, wenn etwa die Landschaft beschrieben wird, dann, wenn der Weg beschwerlich wird, ein unruhiger Rhythmus mit Satzverkürzungen und Umstellungen, und am Schluß der lyrische Ton bei dem paradiesischen Bild mit dem Knaben und dem Gesang. Elementaren Ausbrüchen ist wie beim Brand mit Vernunft zu begegnen, ansonsten – wie der Umgang des Knaben mit dem Löwen zeigt – mit gewaltloser Menschlichkeit. Und auch ein gewalttätiger Eingriff in die Natur ist falsch, der fürstliche Kreis gewinnt auch an Einsicht, daß Willkür (Ausschweifung bei der Jagd, Erschießen des Tigers) nicht angebracht ist. Honorio überwindet seine aufkeimende Leidenschaft zu der Fürstin, und mit menschlichem Adel tritt die Tierwärterfamilie neben den herrschenden Adel.

An der souveränen Konzeption der „Novelle" haben sich viele spätere novellistische Erzähler geschult, so etwa an der Eingangspassage, die unmerklich (und Konkretheiten über das Wer und Was vermeidend) zur Einführung der Hauptpersonen hinleitet:

„Ein dichter Herbstnebel verhüllte noch in der Frühe die weiten Räume des fürstlichen Schloßhofes, als man schon mehr oder weniger durch den sich lichtenden Schleier die ganze Jägerei zu Pferde und zu Fuß durcheinander bewegt sah. Die eiligen Beschäftigungen der Nächsten ließen sich erkennen: man verlängerte, man verkürzte die Steigbügel, man reichte sich Büchse und Patrontäschchen, man schob die Dachsranzen zurecht, indes die Hunde ungeduldig am Riemen den Zurückhaltenden mit fortzuschleppen drohten. Auch hie und da gebärdete ein Pferd sich mutiger, von feuriger Natur getrieben oder von dem Sporn des Reiters angeregt, der selbst hier in der Halbhelle eine gewisse Eitelkeit sich zu zeigen nicht verleugnen konnte. Alle jedoch warteten auf den Fürsten, der, von seiner jungen Gemahlin Abschied nehmend, allzu lange zauderte."

Der Leser wird hier in die Perspektive eines Betrachters mit hineingenommen, der das Geschehen durch einen „sich lichtenden Schleier“ sieht und in einer Art Vertrautheit mit dem Erzähler bestimmte Szenen mitzuerkennen vermag, wobei der Erzähler freilich auch hilfreich da und dort kommentiert („gewisse Eitelkeit“; „oder von dem Sporn des Reiters angeregt“) und über die „epische Allwissenheit“ verfügt („Alle jedoch warteten auf den Fürsten . . .“)

Goethes Kennenlernen weiterer östlicher Dichtung, diesmal der chinesischen, führte 1827 noch zu einem Zyklus von 14 Gedichten mit dem Titel „Chinesisch-deutsche Jahres- und Tageszeiten“, das wohl Schönste ist das achte Gedicht:

Dämmrung senkte sich von oben,
Schon ist alle Nähe fern;
Doch zuerst emporgehoben
Holden Lichts der Abendstern!
Alles schwankt ins Ungewisse
Nebel schleichen in die Höh;
Schwarzvertiefte Finsternisse
Widerspiegelnd ruht der See.

Nun im östlichen Bereiche
Ahn ich Mondenglanz und -glut
Schlanker Weiden Haargezweige
Scherzen auf der nächsten Flut.
Durch bewegter Schatten Spiele
Zittert Lunas Zauberschein,
Und durchs Auge schleicht die Kühle
Sänftigend ins Herz hinein.

Für Monate zog sich Goethe 1828 nach Dornburg zurück, in eines der Landschlösser des Herzogs hoch über dem Saaletal bei Jena, nachdem der Herzog kurz vorher gestorben war, ein Jahr vorher war auch Frau v. Stein gestorben.

1829 vollendete er „Wilhelm Meisters Wanderjahre“.

Wilhelm Meisters Wanderjahre oder Die Entsagenden

1821 erschien eine erste Fassung der „Wanderjahre“, der aber wesentliche Teile der Haupthandlung noch fehlten, die endgültige

Fassung erschien 1829 in den Bänden 21–23 der Ausgabe letzter Hand.

Diese Komposition aus Haupt-, Nebenhandlungen und einem Kranz von Novellen und Sprüchen sprengt die herkömmliche Vorstellung von einem Roman. Zwar bleibt Wilhelm Meister Hauptheld der Rahmenhandlung, aber er ist weniger der Handelnde, mit dem man mitfühlen und miterleben kann als vielmehr ein Sehender und wahrnehmender Beobachter, während umgekehrt in den Nebenhandlungen und Novellen die Handlung sich auf ihre Helden konzentriert.

Die Rahmenhandlung knüpft an die „Lehrjahre“ an, Wilhelm Meister tritt eine „Bildungs“reise an, nirgendwo soll er länger als drei Tage verweilen, sondern aus beispielhaften Situationen lernen, teils aus erzählten Lebensgeschichten oder Lektüren, in jeweils aufeinander bezogenen oder antwortenden Lebensbezirken (so im Klosterbezirk des Schaffners, St. Josephs des Zweiten, so im Kohlenmeiler, so im Bezirk der Makarie, in der Pädagogischen Provinz, im Bezirk des Großen Sees, in den Künstler-Regionen, in der Herberge der Auswanderer, in den Bezirken der Spinner und Weber und im Klosterbezirk).

Wilhelm bildet sich nun aus in den Wissenschaften (etwa bei einem Astronom), in praktischen Geschäften, im Handwerk. Er bildet sich zum Wundarzt aus und lernt auch die Weisheit Makariens kennen. Eine Auswanderergesellschaft will sich schließlich in die Neue Welt begeben, und Wilhelm will mit Natalie und seinem Sohn Felix, der zwischenzeitlich in der „Pädagogischen Provinz“ erzogen wurde (mit Erziehungsideen Platons, Rousseaus und Pestalozzis) ebenfalls eine neue Heimat mit den Freunden begründen.

Wie in den „Lehrjahren“, nur hier noch symbolischer stilisiert, geht eine ironisierende Brechung und wechselseitige Spiegelung der einzelnen Fälle und Schicksale durch das ganze Werk. Souverän schaltet und waltet der Erzähler „als Sammler und Ordner dieser Papiere“ mit dem Erzählten. In den Eingangsgedichten der Erstausgabe von 1821 wird etwas von der Altersweisheit des sich vertrauensvoll an den Leser wendenden Dichters spürbar:

„Und so heb ich alte Schätze,
Wunderlichst in diesem Falle;
Wenn sie nicht zum Golde setze,
Sind's doch immerfort Metalle.
Man kann schmelzen, man kann scheiden,
Wird gediegen, läßt sich wägen,

Möge mancher Freund mit Freuden
Sich's nach seinem Bilde prägen!"

Der Doppeltitel meint mit „Die Entsagenden" nicht resignatives Stehenbleiben und Sich-Bescheiden mit dem Erreichten, sondern das ganze Buch widerspricht dem mit der Heiterkeit, dem Glück der „Entsagenden". Entsagung ist einerseits der geschärfte Blick, die Erfahrung für die Möglichkeiten des Lebens, das Lernen aus dem Irrtum, andererseits ist es die richtige Sicht und Perspektive eines Aspekts, den man für weniger wichtig hielt und der an Bedeutung gewinnt.

Den Versuch J. F. Rochlitz, die symbolische Einheit in der Mannigfaltigkeit in diesem Roman zu erheben, „das Ganze systematisch konstruieren und analysieren zu wollen", nannte Goethe eine „alberne Idee"; denn dies „Buch gebe sich nur für ein Aggregat aus" (zu Kanzler v. Müller am 18. 2. 1830). Wie es auch in der „Farbenlehre" heißt: „Das Geeinte entzweien, das Entzweite zu einigen", das sei das Leben der Natur, so gilt das auch für die „Wanderjahre", die dem Organischen der Natur nachkommen wollen. Aus dieser Sicht resultiert überhaupt Goethes immanente Ironie eines Kunstwerks. Jedes Haften am Gegenstand wie auch an der Idee wird antithetisch bestritten, jede Festschreibung entlarvt sich selber gestalterisch als Vereinseitigung.

Damit ist nicht gesagt, daß den „Wanderjahren" nicht letztlich eine Deutung zu entnehmen ist, sie zielt auf den Wert einer humanen, verantwortungsvollen Gemeinschaft, in der jeder lernend und tolerant anderen gegenüber sich als Mensch bewähren muß. Aber die „Wanderjahre" sind so bunt und mannigfaltig wie das Leben selber, man muß allzu abgezogenen Maximen mißtrauen (das wäre Festschreibung!), und man wird oft im Irrtum seine besten Erfahrungen machen. Und so wird der eine diese Novelle und der andere diese Passage mit Gewinn lesen, jeder aber „nach seinem Bilde prägen". Ganz so, wie es der alte Goethe beabsichtigte!

Im Februar 1830 starb die Großherzogin Luise; sie und Goethe hatten sich im Alter immer mehr schätzen und respektieren gelernt.

Ende Mai / Anfang Juni besuchte ihn Felix Mendelssohn-Bartholdy, der ihm oft und lange vorspielen mußte, wie Goethe überhaupt in seinem letzten Lebensjahrzehnt immer mehr die Musik liebte, sie war ihm eine der wenigen reinen Vergnügungen. Auch Zelter, sein alter Freund, besuchte ihn im Juli.

Dann starb sein Sohn August im Oktober, was ihm hart zusetzte. Daß überhaupt so viele Vertraute und Freunde in den letzten Jahren sterben mußten, ging ihm nahe. Im November erlitt er selber einen Blutsturz, aber erholte sich innerhalb einer Woche erstaunlich rasch.

Seine letzten Arbeiten am „Faust" gingen weiter, und im Juli 1831 konnte er den Schlußpunkt setzen.

Faust

Die geschichtliche Grundlegung für die Faust-Figur liefert das vom Frankfurter Verleger Spieß 1587 herausgegebene Volksbuch „Historia von D. Johann Fausten dem weitbeschreyten Zauberer und Schwarzkünstler", das die Lebensgeschichte des legendären Faust, der sich Anfang des 16. Jahrhunderts einen Namen als Zauberkünstler und Arzt mit übersinnlichen Fähigkeiten gemacht hatte (Luther erwähnt ihn auch in den Tischreden) legendenhaft ausweitet.

Goethe kannte den Text aus einer 1725 bearbeiteten Fassung.

In früher Jugend hatte er auch schon Puppenspielversionen von Marlowes Drama „Tragical history of Doctor Faustus" (1588) kennengelernt, Christopher Marlowes Drama selber lernte er erst 1818 kennen.

Die Ur-Konzeption des „Faust", der sogenannte „Urfaust", stammt aus der Zeit von 1772/73 und wird erst 1887 im Nachlaß der Luise von Göchhausen entdeckt. Hier hat Goethe schon die Gretchenhandlung eingefügt, die in der sonstigen Tradition des Faust-Stoffes nicht auftaucht und die Goethe selber „erfunden" hat. Mit hineingespielt hat hier wohl das Schicksal der am 14. 1. 1772 in Frankfurt hingerichteten Kindsmörderin Susanna Margaretha Brandt. Die Gesamtkonzeption ist noch skizzenhaft mit noch nicht durchstrukturierten Verbindungen zwischen einer Gelehrtentragödie, einer Universitätssatire und der Gretchen-Handlung. Eine kraftvolle Sprache mit einem Wechsel von Vers und Prosa kennzeichnet diese Urkonzeption.

Während seines Rom-Aufenthalts schreibt Goethe drei weitere Szenen (Szenenfolge V.249 des „Fragments"; Hexenküche; Wald und Höhle). Goethe gibt 1790 die noch fragmentarische Dichtung mit dem Titel „Faust. Ein Fragment" heraus, die hinter der Dom-Szene abbricht. In Weimar geht er dann zwischen 1797 und 1806 noch einmal an die Bearbeitung, und 1808 erscheint dann der erste Teil (Selbstmordversuch, Ostergeschehen, Studierzimmerszenen, Prolog als wesentliche Ergänzungen). In den Jahren von 1825–31 entsteht dann der zweite Teil, den Helena-Akt veröffentlichte Goethe schon 1826 vor Abschluß des gesamten Werkes, 1831 ist der „Faust“ vollendet.

Um einen Zugriff zum Verständnis des „Faust“ zu gewinnen, muß man sich vor Augen halten, daß Goethe von seiner Sturm-und-Drang-Periode ab 1772 bis zum letzten Lebensjahr, also rund 60 Jahre (freilich mit Unterbrechungen) an diesem Werk gearbeitet hat. Das lange dichterische Ringen führt zu einem Werk, das wie kein anderes Goethes Poetik entspricht: die Bezüge von Subjekt und Objekt, die organische Einheit der mannigfaltigen und auch polaren Phänomene sind hier gestaltet. So hebt sich der „Faust“ deutlich von der klassisch-strengen Form der „Iphigenie“ ab, entspricht aber mehr der künstlerischen Absicht Goethes im allgemeinen, „die Gegenstände zum Reden“ zu bringen, die Empfindungen dagegen zu „objektivieren“.

Die vermeintliche Formlosigkeit des Werks ist in Wirklichkeit Struktur einer zyklischen Reihung. Eine strenge Kausalität der Szenenfolge wie beim „Wallenstein“ widerspräche morphologischer Betrachtungsweise, den natürlichen Gesetzen von Zufall und Irrtum. Nach dem Prinzip der „wiederholten Spiegelungen“ entfaltet sich eine durch Symbolik und Leitmotivik kunstvoll verbundene Handlung. Wer nur die äußeren Geschehensfolgen addiert, interpretiert den Zusammenhang falsch und oberflächlich. Das objektive Geschehen ist gleichzeitig und immer wieder Spiegelung des inneren Strebens von Faust, so wenn etwa Gretchen bei der Walpurgisnacht auftaucht, wo sie gar nicht hingehört! Sie deutet visionär eine Wende bei Faust an, lenkt seine Sinne zum Besseren. Die Hexen entsprechen dem dämonischen Teil der Faustschen Persönlichkeit. Umgekehrt sprechen im „Faust II“ auch andere Gestalten das aus, was Faust bewegt, so etwa Homunculus, während Faust im Schlaf liegt. Der Mannigfaltigkeit des inneren und äußeren Geschehens entspricht die Vielfalt, der Ausdrucksreichtum der Sprache vom Ursprünglich-Derben bis zum Feierlich-Hymnischen. Zudem gibt es kaum eine Strophenform, ein Versmaß, ein Metrum, das nicht im „Faust“ auftaucht (Knittelverse, Alexandriner, Blankverse, Jamben, Trimeter, Lieder, Hymnen usw.).

Der Goethesche Faust ist kein Zauberkünstler, Goethe hat aus dem ursprünglichen Faust etwas ganz anderes gemacht. Faust ist der strebende, lernende, irrende Mensch, der die Welt erfahren will und die Möglichkeiten seines Wesens, seines Charakters ausweiten will. Man hat später gern vom „faustischen Menschen“ gesprochen als von einer Art Übermenschen; einen Ansatz vom Titanischen, vom Prometheus, hatte allenfalls der Faust der Ur-Konzeption. Man darf sich nicht irreführen lassen, wenn im „Faust" der Teufel, Hexen, Nymphen, Riesen, gar die Sünderin Magdalena, die schöne Helena aus der Antike, die personifizierte Sorge u. a. auftreten. Das deutet im Gegenteil darauf hin, daß wir den Sinn des Werkes verfehlen, wenn wir Personen und Szenen als historische und mythologische Wirklichkeiten auffassen. Nur Faust selber ist der exemplarische Mensch mit seinen Erfahrungen und Sehnsüchten. Helena ist die Verkörperung klassischer Schönheit, Symbol des Vollkommenen. Mephisto ist kein eigentlicher Teufel. Er ist dargestellte Möglichkeit eines skeptischen Rationalisten, Relativisten, der ständig vereinseitigt und verdreht und vom rechten Weg ganzheitlicher Erfahrung abbringt. Selbst Gretchen ist eine Mischung aus konkreter Begegnung und verweisendem Bild. Mephisto ist als dämonische Kraft dargestellt, er ist nicht generell als Teufel gemeint! Er verkörpert etwa im 2. Akt des 2. Teils das Häßliche als polaren Gegensatz zum Schönen. Im 3. Akt als Schauspieler-Dichter ist er wesentlich beteiligt an Helenas Gewinnung (dem Prinzip der klassischen Schönheit). Man muß das so deutlich sagen, weil bis in neueste Interpretationen hinein Darstellung und Funktion nicht gedanklich exakt voneinander abgehoben und unbefangen verwechselt werden. Goethe hat den „Faust" selber eine Tragödie genannt, erstmals aber in der Geschichte des Dramas hat die hier angelegte Tragik kein Gegenspiel bzw. keinen Gegenspieler (auch Mephisto ist trotz gegensätzlicher Deutungen keiner!), so wie sonst in den vertrauten Mustern eines tragischen Konflikts. Die Tragik Fausts besteht in der Bedingtheit und Begrenztheit des Menschen selber. Nun wollen wir aber nach den einführenden Thesen zum allgemeinen Verständnis des Werks interpretierend der Struktur des Werkes folgen (in leider gebotener Verknappung). Der „Faust" beginnt mit drei einleitenden Texten, die aber integrierter (!) Bestandteil des Werkes sind. In der „Zueignung" (1797 geschrieben, als Goethe auf Drängen Schillers die Arbeit am „Faust" wieder aufnahm) sucht man vergebens nach einem Wort an die Leser oder an sonst einen Adressaten. Der Dichter führt hier ein Gespräch mit sich selber und seiner frühen Dichtung. Den „schwankenden Gestalten" der Jugendzeit gilt seine Widmung, und denen gilt sie auch 1831 bei der Vollendung. Gemeint sind die Gestalten und Gestaltungen der Dichtung, die aber in Beziehung stehen zu allen Gestalten und Gestaltungen seines wirklichen Lebens. Der „Faust" zieht die Summe von Goethes Leben, jetzt kann das Spiel von dem Menschen Faust beginnen. Das „Vorspiel auf dem Theater" zeigt das Theater als Welt, während der „Prolog im Himmel" die Welt als Theater zeigt, als große Dramaturgie des Lebens. Das „Vorspiel" als Spiel im Spiel (die Idee dazu entnahm er dem Drama „Sakuntala" des altindischen Dichters Kalidasa) zeigt einerseits Theater und Kunst überhaupt als Welt für sich, verschafft aber auch ironische Distanz in fast moderner Verfremdung (Brecht blinzelt mit einem Auge hinter dem Bühnenvorhang hervor!), wenn sich dort der Schauspieldirektor, der Dichter und die Lustige Person unterhalten („Ihr wißt, auf unsern deutschen Bühnen / Probiert ein jeder, was er mag; / Drum schonet mir an diesem Tag / Prospekte nicht und nicht Maschinen"), wo jeder die zur Vereinseitigung drängende Position des anderen kritisiert. Augenzwinkernd fast wird hier daran erinnert, daß hier ein Spiel abläuft und kein pädagogisches Lehrstück. Der „Prolog im Himmel" gibt dem folgenden Spiel die kosmologische Perspektive. Während die Erzengel die letztlich unbegreifliche Ordnung des Kosmos feiern, kritisiert Mephisto die für den Menschen innerhalb dieser Welt undurchschaubare Situation. Er erhält die Erlaubnis vom Herrn im Himmel, Faust vom rechten Wege abbringen zu dürfen. Diese dem alttestamentlichen Buch Hiob bewußt nachgebildete Szene ist irreführend, wenn man das Schicksal Hiobs mit Fausts Situation vergleichen möchte. Faust ist nicht Hiob! Nicht nur daß Hiob unschuldig vom Leiden getroffen wird (Theologie dieses Buches!) und Faust sich bewußt und willentlich zu seinem Weg entschließt (was die Wette mit dem Teufel ausdrücken soll), unterscheidet beide. Faust stellt eine andere Frage, die nach der Begrenztheit des Menschen im Endlichen, was ausgerechnet der Vereinseitiger Mephisto annähernd richtig sieht.

Nun beginnt „Der Tragödie Erster Teil" mit der Szene „Nacht". Faust will erkennen, „was die Welt im Innersten zusammenhält", darum ist er enttäuscht vom Studium der Wissenschaften und ihrer Anhäufung von Wissensdetails und hofft auf einen magischen Zugang zum Weltgeist (will sagen, dem Prinzip der Welt überhaupt), den er mit dem Zeichen des Makrokosmos beschwören will, aber er bleibt ihm unnahbar, und er beschwört den ihm wesensverwandteren Erdgeist, der sich ihm zeigt, aber wieder entzieht. Das bedeutet, daß Faust im Weltergreifen meinte, ihr Wesen zu erfassen, so daß er sich dem Erdgeist (der die Erscheinungswelt repräsentiert) zwar nähern, aber ihn nicht begreifen kann. In seinem Famulus Wagner (Zerrbild wissenschaftlicher Faktenhuberei) begegnet ihm dann die Engstirnigkeit, Begrenztheit des Lebens noch deprimierender, so daß er sich zum Freitod entschließt, der freilich nicht einfach Selbstmord ist aus gänzlicher Resignation, sondern er will „die Pforten aufzureißen“ beginnen. Im letzten Moment hält ihn der Klang der Osterglocken zurück, nicht weil hier im christlichen Sinne gnadenhaft die Erinnerung an Gott (und gegen die Magie) einsetzt, sondern die Erinnerung an den Wert der Welt selber („durch Wald und Wiesen hinzugehen“; „Jugend muntre Spiele“; „die Erde hat mich wieder“).

Sicher erscheint hier und in den Folgeszenen Faust wie ein Übermensch (selbst der Erdgeist nennt ihn so, aber gleichzeitig einen Wurm!), aber das ist nicht auf einen Titanismus hin gedacht, sondern meint immer das Streben, über begrenzte menschliche Erkenntnis herauszubekommen und über begrenzte Erfahrung auch, und das wird ebenfalls relativiert und ironisiert.

In der Szene „Vor dem Tor“ begibt Faust sich unter das Volk, fühlt sich vom Leben und Treiben angeregt und empfindet verstärkt die „zwei Seelen“ in seiner Brust, die eine hält sich an diese Welt in ihren mannigfaltigen Erscheinungen, die andere drängt darüber hinaus. In der ersten Studierzimmer-Szene kommt die Begegnung mit Mephisto (der zunächst als Pudel auftritt, womit m. E. der Durcheinanderbringer Mephisto schon als „falsch“ in der Erscheinung auftritt), der sich erst nach Beschwörung zu erkennen gibt. In der zweiten Studierzimmer-Szene kommt es dann zur berühmten Wette. Mephisto soll Faust behilflich sein, über das ihm Mögliche hinauszugelangen (was Mephisto letztlich gar nicht kann und womit die Wettbedingung schon problematisch wird!), Faust verschreibt ihm dafür seine Seele, falls er in seinem Streben jemals sich beruhigen werde. Die Szene schließt ab mit dem Dialog zwischen Mephisto und einem Schüler, eine glänzende Universitätssatire!

Mit dem anschließenden Saufgelage und verrückten Treiben in Auerbachs Keller kann Mephisto Faust nicht beeindrucken, er bleibt unbeteiligt. Die Verjüngungskur in der Szene „Hexenküche“ führt dann freilich zu einer ernsthafteren Erfahrung und leitet zur Gretchentragödie über. Fausts Leidenschaft für Gretchen steigert sich erst im Fortgang des Geschehens von sinnlich-erotischer Zuneigung zu echter Liebe, und Faust ist hier in Gefahr, sich gänzlich verantwortungslos im Rein-Sinnlichen zu verstrikken (will sagen, rücksichtslos und egoistisch nur eine annähernd vollkommene Vergnügung für sich zu suchen). Nach dem Kennenlernen zeigt die Szene „Abend“ mit dem Gold-Kästchen als

„teuflisches“ Geschenk, daß Gretchen (die Idealfigur des unschuldig-reinen Mädchens in den „Faust“-Deutungen landauf, landab) zwar ein wirklich im guten Sinne naives, liebenswertes Mädchen ist, aber keine Heilige der Unschuld (sie putzt sich gern damit und will es auch behalten). Nach der herrlichen Szene „Der Nachbarin Haus“ mit dem Dialog Mephisto–Marthe wird dann übergeleitet zur Gartenszene, der der erste Kuß folgt. Die nächsten Szenen folgen mit rasch wechselnden Sequenzen, Gretchen ist bereit zum nächtlichen Schäferstündchen und gibt sich Faust hin. Nun setzen Gretchens Gewissensqualen ein (etwas zu spät!), verstärkt noch, als ihr Bruder ihretwegen durch den Degen von Faust fällt, als sie sich einreden muß, daß der Schlaftrunk für ihre Mutter auch dieser den Tod gebracht hat.

In den Walpurgisnachtszenen sollen Fausts Gewissensbisse betäubt werden, die Vision Gretchens verhilft ihm zu echter Reue und Einsicht. Er will Gretchen, die wegen Kindesertränkung im Kerker sitzt und über all dem Unglück wahnsinnig geworden ist, helfen. Sie aber überantwortet sich im Gebet Gottes Gnade, die ihr visionär zuteil wird. Hier schließt der 1. Teil des „Faust“, und hier endet eine erste tragische Erfahrung Fausts, der beim „lernenden“ Versuch, Liebeserfahrung über den sinnlichen Bereich hinaus zu vertiefen, schuldig wird an den Gewissensqualen Gretchens, die zu ihrer Tat führen, und zwar insofern schuldig als der Mensch für den anderen Menschen (insbesondere, wenn er ihn liebt, aber auch generell!) mitverantwortlich ist. Aber Faust bereut echt, er hat zwar nicht erkannt, „was die Welt im Innersten zusammenhält“, aber er ist verantwortlicher geworden, seine Zuneigung zu Gretchen hat seine Liebe zu anderen unbedingter gemacht, und er hat die Alternative eines dämonisch-abirrenden Egoismus in der Gestalt Mephistos als einer abirrenden Möglichkeit seiner selbst erkannt (Mephisto führte seinen Degen!), den er in der Stürmer- und Dränger-Sprache des „Götz“ und der Schillerschen „Räuber“ haßerfüllt beschimpft. (Szene „Trüber Tag. Feld“).

Wir können leider den umfangreichen zweiten Teil in allen Szenenfolgen und deren kunstvollen Reihungen nicht besprechen, sondern müssen uns, um nicht die Verhältnismäßigkeit in diesem Buch zu sprengen, auf schwerpunktmäßige Erklärung konzentrieren. „Der Tragödie zweiter Teil“ in fünf Akten beginnt im 1. Akt mit einem zu physischer und psychischer Gesundung führenden Schlaf in der Natur, der „des Vorwurfs glühend bittre Pfeile“ (wegen Gretchen) ablösen soll, und die Natur hat diese heilende Kraft. Faust seinerseits erkennt, daß wir das Leben nur am „farbigen Abglanz“ haben, also nur in der Erscheinungswelt Absolutes erträglich ist.

Nun folgt ein Sprung von der Naturwirklichkeit in die Gesellschaft, nämlich an einen Kaiserlichen Hof, in die Welt des höfischen und politisch-sozialen Handelns. Im Reiche des Kaisers sind Rechtsempfinden, Arbeitsauffassung usw. dekadent geworden, der wirtschaftlichen Not will Mephisto, der als neuer Hofnarr fungiert, mit Papiergelderfindung abhelfen. Nun kann man sich unbesorgt einem Mummenschanz hingeben. Es folgt ein allegorisch zu deutendes karnevalistisches Treiben, das die Beziehungen von Kunst und Leben versinnbilden soll und in dem schließlich der Genius der Poesie selber als Knabe Lenker (Wagenlenker) erscheint (ursprünglich hieß er Euphorion, war damit gemeint als Sohn von Faust und Helena aus dem 3. Akt und konnte schwerlich schon jetzt auftreten, daher die spätere andere Bezeichnung), halb Knabe, halb Mädchen wie Mignon. Als der Kaiser (Kaiser = hier: Weltsucht) gierig zur Goldkiste greifen will, die Plutus (Faust) mit sich führt, fängt er Feuer, das Plutus löschen kann. Auf Wunsch des Kaisers beschwört Faust die Urbilder vollkommener Schönheit, Paris und Helena. Das ist aber nur möglich im Gang zu den „Müttern“ (Mütter als Gottheiten des Urbereiches der Natur, in dem die Urbilder des Schönen begründet sind). Von der Schönheit Helenas angezogen, will Faust sie an sich ziehen, doch eine betäubende Explosion streckt ihn nieder, d. h. gewaltsam ist die Schönheit klassischer Kunst nicht in die Gegenwart zu überführen. Der Weg über die gesellschaftliche Sphäre zum Schönen scheitert (1. Akt), der zweite Weg führt von innen, genetisch, zu ihr, von ihrem Ursprung her (so dann im 2. Akt).

Beide Akte sind Vorstufen („Antezedenzien der Helena“ nannte sie Goethe selber) zum dritten Akte, dem Helena-Akt. Wieder ist Faust zu Beginn des 2. Aktes im Tiefschlaf, diesmal in seinem alten Studierzimmer (der rekreative Schlaf verbindet mit dem Unbewußt-Natürlichen, aber auch die frühere Umwelt ist wieder da), wo Mephisto ein ähnliches Gespräch mit dem inzwischen zum Baccalaureus aufgerückten Schüler führt wie seinerzeit (es müssen inzwischen Jahre vergangen sein). Wagner ist zum Professor anvanciert und will auf chemischem Weg einen künstlichen Menschen herstellen. Es entsteht Homunculus, nur existent in einer Phiole, unkörperlich, mit Leuchtkraft ausgestattet (Bild reiner Geistigkeit, die es drängt, Gestalt zu werden und immer tätig zu sein). Homunculus deutet den Traum Fausts vom Urbild griechischer Schönheit und weist den Weg ins klassische Griechenland.

Die Klassische Walpurgisnacht korrespondiert ihrer nordischen Vorform aus dem 1. Teil des „Faust". An der Stätte der Entscheidungsschlacht von Pharsalus treffen sich die Sagengestalten der Antike. Tief symbolisch auch dieser Akt! Mephisto verwandelt sich in Phorkyas, als Repräsentant des Häßlichen und polare Entsprechung zum Schönen, Homunculus zerschellt am Thron der Liebesgöttin, geht ein in die elementare Natur. Fausts Weg in die Unterwelt soll die Genesis der Schönheit fördern und Helena erbitten, die dann auch im 3. Akt erscheint. Ihre Gestaltwerdung war möglich durch den zur Verkörperung drängenden Geist (Homunculus), die umgestaltenden, metamorphotischen Kräfte der Natur und das Festhalten an dem Bild der Schönheit im Traum des Faust (als er thessalischen Boden betritt, erwacht er zu neuem Leben).

Im dritten Akt tritt Helena in Sparta auf, rückgeführt durch ihren Gatten Menelaos und das antike Griechenland repräsentierend. Faust tritt als germanischer Heerführer auf und vertritt die nordische mittelalterliche Romantik. Seelische Erlebniskraft und antike Form vereinigen sich symbolisch. Aus der Vereinigung von Helena und Faust entspringt der Sohn, Euphorion. Dieser, als Genius der Poesie und ein zweiter Ikarus, fliegt zu hoch und stürzt ab. Helena folgt ihm in den Tod, in das Reich der Schatten. Übrigens bedeutet die geglückte Vereinigung mit Helena nicht den Verlust der Wette, da geglückte Kunst sowohl Moment des Gesamt-Menschlichen und immer weiter gehender Prozeß ist. Der Genius der Poesie aber ist nicht dauernd präsent, er wird deutlich in geglückten Momenten. Man kann ihn nicht festhalten.

Im vierten Akt drängt es Faust zu neuem schöpferischen Tun, er möchte dem Meer Land abgewinnen. In diesem Akt stellt sich die Frage Fausts, inwiefern es dem Menschen möglich ist, im ewigen Kreislauf der Natur durch sein Tun vorwärtszukommen. Mit Hilfe dreier urtümlicher Kreaturen verhilft er dem Kaiser zum Sieg gegen einen Gegenkaiser und erhält den grenzenlosen Strand als Lehen. Der Krieg wird hierbei als chaotische Macht dargestellt mit dämonischen Mächten und Kräften.

Im fünften Akt wird Faust mittelbar schuldig, da ihm die Hütte eines friedlichen alten Paares, Philemon und Baucis, im Weg steht bei seinen Plänen, und Mephisto und seine Helfershelfer die Hütte niederbrennen, wobei die beiden Alten den Tod finden. Die Sorge haucht ihn an, und Faust erblindet. Von den vier personifizierten menschlichen Bedrängnissen (Not, Mangel, Sorge, Schuld) erreicht ihn nicht die Schuld. Warum nicht?

Trunz (im Kommentar zur Hamburger Ausgabe) und mit ihm viele andere verstehen Schuld hier im Sinne von Schulden (finanzieller Art). Das erscheint abwegig. Schuldig ist Faust hier mittelbar geworden in seinem rastlosen Tätigkeitsdrang, ohne bewußt verantwortlich zu sein für Mephistos Handeln, schuldig wiederum im Abirren als seiner ureigensten menschlichen Eigenschaft. Darum war die Schuld – wie ich meine – als wesenhaft-menschlich immer bei ihm und kommt nicht in neuer Gestalt auf ihn zu.

Warum aber die Sorge? Streicher (S. 200f.) und wiederum viele Interpreten meinen, das Erblinden durch die Sorge werfe ihn auf sein Innerstes zurück, befreie ihn von beengender Außenwirklichkeit, er sehe nun gerade innerlich mehr. Auch das ist eher willkürlich spekuliert. Er erblindet ja nun mal nach dem Textbefund, und er wird auch nicht hellsichtiger (Das „helle Licht" im V. 11 500 täuscht die Interpreten, es ist ein Irrlicht, wie die Folgeszene zeigt, und Faust täuscht sich bis zum Schluß). Sorge bereitet ihm der nun richtige Weg zu besserer Erkenntnis ohne den Irrweg magischen Zugriffs („Könnt' ich Magie von meinem Pfad entfernen"), mit dieser Magie meint er aber wohl die rein geistige Vereinnahmung der Natur, nicht irgendwelchen Zauberspektakel, wie man gerne interpretiert. Er ist immer noch voller Schaffensdrang und bekennt, daß er im Augenblick, wo seine Pläne in Erfüllung gehen, sagen dürfte: „Verweile doch, du bist so schön!" Damit hat er nach dem Wortlaut der Wette sein Leben verwirkt und stirbt. Doch in einer visionären Schlußszene wird seine Seele gerettet. Mit dem „Ewig-Weiblichen", das uns hinanzieht, wird eben der Bereich des Naturhaft-Ewigen gemeint sein, das Prinzip göttlicher Schöpferkraft der Natur, womit der Bogen zum „Prolog im Himmel" geschlagen ist.

Für mich bringen die gesamten Faust-Interpretationen keinen stimmigen Zusammenhang in die drei ersten Akte des zweiten Teils und die beiden letzten. Der Gewinn der Schönheit in den ersten Akten und die Utopie des freien Lebens in freier Gemeinschaft, die Fausts Streben m. E. in den letzten beiden Akten begründen, gehören zusammen, und zwar nicht so, daß hier eine gesellschaftliche Realutopie die Vision des Schönen ablösen soll. Faust wird blind gerade am Schluß, und er stirbt als Nicht-Erkennender, (aber gerechtfertigt!) dem der Zugang zu dem, was die Welt im Innersten zusammenhält, der Griff auch zum Absoluten über die Bedingtheiten menschlichen Lebens hinaus letztlich verwehrt bleibt. Interpretationen, die von sich stets steigernder Erkenntnis bis zum Schluß ausgehen, gehen am Text vorbei! Fausts Irrtum in den beiden letzten Akten besteht darin, daß er nicht gelernt hat aus der Erkenntnis der ersten Akte, daß das Schöne nicht zwanghaft erreichbar ist, sondern im geglückten Zusammenspiel von drängendem Geist und natürlicher Genese, und sein ehrenwertes Ziel einer geglückten menschlichen Gemeinschaft wiederum vereinseitigend angeht, sein planend-aktiver Blick geht am bescheidenen Glück der beiden Alten vorbei. Er berücksichtigt erneut nicht den Aspekt naturhaften Wachsens.

Diese „Faust"-Deutung bringt sicher einige neue Gesichtspunkte, aber die allermeisten Deutungen sind nicht m. E. konsequent genug in der Berücksichtigung des Gesamttextes.

Es gibt kein anderes Werk von Goethe – was eigentlich auch nicht wundert –, bei dem so unterschiedliche Beurteilungen und Forschungspositionen vorkommen, wenn man den Befund etwa vergleicht mit den Analysen zum „Tasso" oder zum „Wilhelm Meister", obwohl es da in Einzelfragen und in der Gesamtdeutung auch schon different zugeht.

Man kann dieses gewaltige Opus des „Faust" in seinen vielfältigen symbolischen Verweisen, seinen motivischen Reihungen, seiner Idee, die ja nach Goethe nicht anders darstellbar ist als in ihren morphologischen Gestaltungen individueller Phänomene und deren Bezügen zueinander, kaum in Gänze erfassen. Faust als ein Suchender, der den Begrenztheiten menschlicher Existenz entkommen und den Zusammenhängen des Lebens und der Welt auf die Spur kommen möchte, bleibt ein eindrucksvolles Beispiel menschlichen Sehnens, menschlicher Welterfahrung. Im „Faust" sind die Entsprechungen von Subjekt und Objekt, von Mikrokosmos und Makrokosmos, auch von Vernunft und Gefühl, von Tradition und Gegenwartserfahrung dichterisch gestaltet.

Von einer Möglichkeit, einen Schlüssel zum kompletten Verständnis des „Faust" liefern zu können, kann keine Rede sein!

Unmittelbar vor dem Abschluß des zweiten Teils schrieb Goethe an Heinrich Meyer (Juli 1831), daß er den „Faust" als ein „inneres Märchen" viele lange Jahre mit sich herumgetragen habe, und sagt: „Wenn es noch Probleme genug enthält, indem – der Welt – und Menschengeschichte gleich – das zuletzt aufgelöste Problem immer wieder ein neues aufzulösendes darbietet, so wird es doch gewiß denjenigen erfreuen, der sich auf Miene, Wink und leise Hindeutung versteht."

Und so hat man wohl den „Faust" am besten im Goetheschen Sinne zu verstehen, was ja nicht ausschließt, daß man eine Deutung versucht. Besser als allzu geistreiche und gedankenschwere Interpretationen ist das Lesevergnügen des Liebhabers, der

„Wink und leise Hindeutung“ bemerkt, etwa im Sinne der „Wanderjahre“:

> „Möge mancher Freund mit Freuden
> Sich's nach seinem Bilde prägen!“

Um übertriebenen Feierlichkeiten zu seinem 82. Geburtstag zu entgehen, reiste Goethe nach Ilmenau. Am 27. 8. machte er sich zu einem Ausflug zu der Jagdhütte auf dem Kickelhahn auf, nur begleitet von dem Berginspektor Johann Christian Mahr. Dort hatte Goethe 1780 an die Wand der Jagdhütte sein Gedicht „Über allen Gipfeln ist Ruh“ geschrieben. Mit einer Chaise fuhren sie bis zum Gipfel, und Goethe las noch einmal die Verse von damals. Mahr berichtete, daß dem Dichter die Tränen kamen und er die letzten Worte des Gedichts wiederholte. Goethe schwieg dann etwa eine halbe Minute und wandte sich dann zu Mahr mit den Worten: „Nun wollen wir wieder gehen!“

Am 22. März 1832 ist Johann Wolfgang von Goethe gestorben. In Eckermanns Aufzeichnungen, der den Toten am nächsten Tag sah, ist zu lesen: „Die mächtige Stirn schien noch Gedanken zu hegen!“

Läßt man dieses ungewöhnliche Leben noch einmal Revue passieren, so erstaunt nicht nur die dichterische Produktivität überhaupt, sondern seine Vielfalt. Mir fällt kein Dichter ein, bei dem eine solche universale Beschäftigung mit der Weltliteratur (italienische, spanische, französische, englische bis zur persischen und chinesischen) eine vergleichbare Formenvielfalt hervorgebracht hat (der Roman und die Novelle etwa werden erst durch Goethe etabliert) mit einer sich selber wandelnden Könnerschaft, so schafft er nicht nur einen Höhepunkt des Rokoko („Die Laune des Verliebten“), des Sturm und Drang (den „Götz“), den der Empfindsamkeit („Werther“), der Klassik („Iphigenie“, „Wilhelm Meister“), sondern im Spätwerk („Faust“) ein epochenmäßig inkommensurables Werk. Zwar hat er keine romantische Phase im Sinne frühromantischer Poetik, obwohl Perspektiven des Romantischen (Ironie, Hinwendung zum Mittelalter) bemerkbar werden, aber Goethe tastet nie die Souveränität der Natur an, wie es Novalis und andere Romantiker tun, wo in der Darstellung dann innere Empfindungen und äußere Wahrnehmungen verschmelzen. Er las übrigens intensiv Byron, Walter Scott, Carlyle, Mérimée, Victor Hugo, besonders beeindruckt war er dabei von Lord Byron. Aber Goethes einzigartiger Fähigkeit, Natur in ihrer Mannigfaltigkeit selber sprechen zu lassen, wahrzunehmen und sensibel zu versprachlichen, war eine subjektivistische Aneignung der Natur wesensfremd. Sprachlich gesehen war er ein Riese, und man wünschte manchem Schriftsteller nach dem zweiten Weltkrieg, er sollte mehr Goethe lesen.

Nach seinem Tod – so wird erzählt – besuchte ein findiger Reporter Sesenheim, um Augenzeugen zu finden, die noch das Verhältnis mit Friederike miterlebt hatten. Und tatsächlich fand er eine Dame, die sich noch an Goethe erinnern konnte. „Und stellen Sie sich vor" – so die alte Dame –, „eines Tages ist der Goethe auf und davon, und kein Mensch hat von diesem Goethe je wieder etwas gehört!" Aus ihrer Sicht . . ja! . . . In Wirklichkeit kennt ihn die ganze Welt!

VI. Auswahlbibliographie

Ich nenne im folgenden einige der bekannteren Ausgaben der Werke Goethes. Natürlich gibt es auch eine Vielzahl von Taschenbuchausgaben einzelner Werke oder von Gedichtsammlungen, die bei den verschiedensten Verlagen erschienen sind und hier nicht eigens genannt werden. Ferner habe ich die wichtigste Bibliographie benannt. Eine Bibliographie nennt man ein Werkverzeichnis, das die Titel von und über einen Autor (also hier vor allem auch Forschungsliteratur) erfaßt. Und schließlich sind einige der gründlichsten neueren Gesamtdarstellungen zu Goethe aufgeführt, ferner zusätzlich die wenigen Autoren, mit denen ich mich in meinem Buch auseinandergesetzt habe. Da in den angeführten Gesamtdarstellungen die wichtigste Forschungsliteratur teils sehr ausführlich genannt wird, habe ich darauf verzichtet, sie in diesem schmalen Band zu wiederholen.

Goethes Werke, hrsg. im Auftrage der Großherzogin Sophie von Sachsen, 133 Bände, 1887–1919 Weimar (= Weimarer Ausgabe)
(Diese bedeutendste Gesamtausgabe ist vergriffen und wird 1987 in einem Nachdruck wieder lieferbar gemacht. Sie umfaßt neben den Dichtungen allein 50 Bände mit Briefen, ferner Tagebücher, naturwissenschaftliche Schriften usw.)

Goethes Werke, hrsg. v. Erich Trunz, 14 Bände, 1948ff. (zunächst) Hamburg (= Hamburger Ausgabe)
(Sehr verbreitete Werkauswahl mit Erläuterungen und Kommentar, gründlich gemacht, inzwischen mit einigen Ergänzungsbänden)

Goethe, Gedenkausgabe der Werke, Briefe und Gespräche, hrsg. von Ernst Beutler, 24 Bände, 1948ff. Zürich (= Artemis-Ausgabe)
(Auch die Artemis-Ausgabe ist sehr verbreitet, mit ausführlichen Nachworten und einigen Ergänzungsbänden)

Goethe-Bibliographie, begr. von Hans Pyritz, unter redakt. Mitarbeit v. P. Raabe, fortgef. v. H. Nicolai u. G. Burkhardt, unter redakt. Mitarbeit v. K. Schröter u. H. Riege, 2 Bände, 1965–1968 Heidelberg.
(Diese Bibliographie umfaßt die Forschungsliteratur zu Goethe von den Anfängen bis 1964. Als Beigabe zum „Goethe-Jahrbuch“ erscheint ergänzend eine weiterführende Bibliographie, hrsg. v. d. Goethe-Gesellschaft.)

Boerner, Peter, Johann Wolfgang von Goethe mit Selbstzeugnissen und Bilddokumenten (rororo-Monographie) 1964 (letzte Aufl. 1986) Rowohlt Hamburg.

Conrady, Karl Otto, Goethe, Leben und Werk, 2 Bände, 1982 (2. Aufl. 1984) und 1985 Athenäum Königsstein/Taunus.

Emrich, Wilhelm, Die Symbolik von Faust II. Sinn und Vorformen, 1943 Berlin (4. Aufl. 1978 Wiesbaden)

Friedenthal, Richard, Goethe. Sein Leben und seine Zeit, 1963 München (Taschenbuchausg. in 2 Bänden dtv 518 und 519).

Hinderer, Walter (Hrsg.), Goethes Dramen, Neue Interpretationen, 1980 Reclam Stuttgart.

Kreutzer, Leo, Die kleineren Dramen (. . .) (in: W. Hinderer)

Martini, Fritz, Lustspiele – und das Lustspiel, 1974 Klett Stuttgart.

Staiger, Emil, Goethe, 3 Bände, 1952–59 Zürich.
Streicher, Wolfgang, Die dramatische Einheit von Goethes „Faust", 1966 Tübingen.

VII. Zeittafel

1749 Johann Wolfgang Goethe wird am 28. 8. in Frankfurt a. M. geboren.

1755–1765 Hauslehrerunterricht unter Aufsicht des Vaters.

1759 Besetzung Frankfurts durch die Franzosen, Einquartierung des Grafen de Thoranc im Elternhaus bis 1761.

1765–1768 Studium in Leipzig. Bekanntschaft mit Käthchen Schönkopf. Kennenlernen von Gottsched, Gellert, Oeser, Freundschaft mit Behrisch.
DIE LAUNE DES VERLIEBTEN; DIE MITSCHULDIGEN

1768 Lebensgefährliche Erkrankung. Abreise nach Frankfurt. Dort Genesung, Einfluß der Pietistin Susanna Katharina von Klettenberg, des Arztes Johann Friedrich Metz (fördert naturwissenschaftliches Interesse).

1770 Fortsetzung des Studiums in Straßburg mit Abschluß als Lizentiat der Rechte 1771. Kennenlernen Herders, Lenz', Jung-Stillings u. a. Liebe zu Friederike Brion.
Sesenheimer Gedichte

1771 Rückkehr nach Frankfurt, Zulassung als Rechtsanwalt am Schöffengericht.
„Zum Schäkespears Tag"; GESCHICHTE GOTTFRIEDENS VON BERLICHINGEN DRAMATISIERT

1772 Bekanntschaft mit Merck und den Darmstädter „Empfindsamen". Praktikant am Reichskammergericht zu Wetzlar. Die Begegnung mit Charlotte Buff. Rezensionen für „Frankfurter Gelehrte Anzeigen". Kennenlernen Maximilianes. „Wandrers Sturmlied"; „Von deutscher Baukunst"

1773 Wieder in Frankfurt.
GÖTZ VON BERLICHINGEN; JAHRMARKTSFEST ZU PLUNDERSWEILERN; GÖTTER, HELDEN UND WIELAND; SATYROS u. a. Satiren; URFAUST-Entwurf.

1774 Lahn- und Rheinfahrt mit Basedow und Lavater, Treffen mit Jacobis, erstes Treffen mit Erbprinz Carl August von Sachsen-Weimar-Eisenach.
DIE LEIDEN DES JUNGEN WERTHERS; CLAVIGO; CLAUDINE VON VILLA BELLA; (wahrscheinlich) Sturm- und Dranglied GANYMED, evtl. PROMETHEUS.

1775 Verlobung mit Lili Schönemann. Reise in die Schweiz. Einladung nach Weimar durch den Herzog. Auflösung der Verlobung. 7. 11. Ankunft in Weimar.
STELLA; Lili-Lieder, HANSWURSTS HOCHZEIT

1776 Goethe wird Geheimer Legationsrat und Bergbauinspektor. Herder auch in Weimar (Generalsuperintendent). Vertrautes Kennenlernen der Frau von Stein.
DIE GESCHWISTER; Gedichte

1777 Intensive Staatstätigkeit.
Beginn von WILHELM MEISTERS THEATRALISCHE SENDUNG; LILA; TRIUMPH DER EMPFINDSAMKEIT.

1779 Ernennung zum Geheimrat.
IPHIGENIE AUF TAURIS (1. Prosafassung);
JERY UND BÄTELI

1780 Mineralogische Studien.
Beginn von TORQUATO TASSO

1782 Goethe erhält das Adelsdiplom und heißt von nun an Johann Wolfgang von Goethe. Er wird Präsident der Kammer (d.h. der Finanzbehörde).
DIE FISCHERIN; ELPENOR

1784 Entdeckung des Zwischenkieferknochens.
SCHERZ, LIST UND RACHE

1785 Botanische Studien.

1786 Nach Karlbad, im September Abreise nach Italien.
29. Oktober Ankunft in Rom.
IPHIGENIE AUF TAURIS

1787 Nach Neapel und Sizilien, dann wieder Rom. Die Idee der Urpflanze bei botanischen Beobachtungen.

1788 Rückkehr nach Weimar. Abgabe der Regierungsgeschäfte mit Ausnahme der Bergwerksinspektion. Verbindung mit Christiane Vulpius.
EGMONT; Beginn der RÖMISCHEN ELEGIEN

1789 25. 12. Sohn August geboren.
TORQUATO TASSO

1790 Reise nach Venedig, Schädelwirbeltheorie
RÖMISCHE ELEGIEN; VENEZIANISCHE EPIGRAMME
„FAUST, ein Fragment" erscheint.

1791 Generalintendanz des Weimarer Hoftheaters.
DER GROSS-COPHTA

1792 Feldzug in Frankreich, Besuche bei den Jacobis und bei der Fürstin Gallitzin in Münster.

1793 Beobachter der Belagerung von Mainz.
DER BÜRGERGENERAL; DIE AUFGEREGTEN; REINEKE FUCHS

1794 Freundschaft mit Schiller beginnt.
UNTERHALTUNGEN DEUTSCHER AUSGEWANDERTEN

1795–96 DAS MÄDCHEN VON OBERKIRCH

1796 Die „Xenien" entstehen.
WILHELM MEISTERS LEHRJAHRE

1797 Die Balladen entstehen. Die Familie besucht Goethes Mutter.
HERMANN UND DOROTHEA

1798 Die „Propyläen" werden herausgegeben.

1799 Schiller übersiedelt nach Weimar.

1803 Riemer wird Hauslehrer von August.
DIE NATÜRLICHE TOCHTER

1804 Goethe wird Geheimrat. (Wirklicher Geheimer Rat)

1805 Schillers Tod.

1806 Schlacht bei Jena. Besetzung Weimars und Bedrohlichkeiten in Goethes Haus. Im Oktober Trauung mit Christiane.
Abschluß von „FAUST I“
1808 Treffen mit Napoleon in Erfurt. 1807–1808 Bekanntschaft mit Minchen Herzlieb und Sylvie von Ziegesar.
SONETTE
1809 DIE WAHLVERWANDTSCHAFTEN
1810 ZUR FARBENLEHRE
1811 DICHTUNG UND WAHRHEIT, ERSTER TEIL
1812 Begegnung mit der österreichischen Kaiserin und Beethoven
DICHTUNG UND WAHRHEIT, ZWEITER TEIL
1814 Erste Bekanntschaft mit Marianne von Willemer.
DICHTUNG UND WAHRHEIT, DRITTER TEIL erschienen
1815 Goethe wird Staatsminister mit der Oberaufsicht über die wissenschaftlichen und künstlerischen Anstalten.
Freundschaft mit Marianne.
WEST-ÖSTLICHER DIVAN
1816 Seine Frau Christiane stirbt. Besuch Charlotte Kestners. Die ersten beiden Teile der ITALIENISCHEN REISE erscheinen.
1817 August heiratet Ottilie von Pogwitsch.
URWORTE ORPHISCH
1821 Erste Fassung der WANDERJAHRE, Kennenlernen Ulrike von Levetzows.
1823 Erster Besuch Eckermanns, in Marienbad Heiratsantrag an Ulrike. Marienbader „Elegie“.
TRILOGIE DER LEIDENSCHAFT
1827 NOVELLE
1828 Dornburger Aufenthalt.
1829 Erste FAUST-Aufführung in Braunschweig.
WILHELM MEISTERS WANDERJAHRE
1830 Tod der Großherzogin und Tod seines Sohnes August.
Erkrankung Ende November.
1831 DICHTUNG UND WAHRHEIT, VIERTER TEIL
FAUST II
1832 Erkrankung. Goethe stirbt am 22. März 1832.

Anmerkung: (Die Werke sind bei der Jahreszahl aufgeführt, die das Jahr ihrer endgültigen Vollendung bedeutet, nicht das Jahr der manchmal viel späteren Veröffentlichung.)

Inhaltsverzeichnis

Regionalia im HUSUM TASCHEN BUCH

Anekdoten aus Baden-Württemberg · aus Bayern · aus Berlin · aus Hessen · aus Niedersachsen · aus Schleswig-Holstein 1 · aus Schleswig-Holstein 2 · aus Westfalen · vom Militär – **Entdecken und erleben (Reiseführer):** Schleswig-Holsteins Geschichte · Schleswig-Holsteins Kunst · Schleswig-Holsteins Literatur – Berlin im **Gedicht** – **Kalendergeschichten** aus Niedersachsen – **Kinder- und Jugendspiele** aus Schleswig-Holstein 1 · aus Schleswig-Holstein 2 · aus Westfalen – **Kindheitserinnerungen** aus Hamburg · aus Ostpreußen · aus Pommern · aus Schleswig-Holstein · aus Westfalen – **Komponisten** aus Schleswig-Holstein – **Legenden** der kanadischen Indianer – **Lügengeschichten** aus Schleswig-Holstein – **Märchen** aus Baden-Württemberg · aus Niedersachsen · aus Schleswig-Holstein · aus Westfalen – **Aus dem Sagenschatz** der Brandenburger und Schlesier · der Hessen · der Niedersachsen und Westfalen · der Ostpreußen und Pommern · der Sachsen · der Schleswig-Holsteiner und Mecklenburger · der Thüringer – **Volkssagen** aus Niedersachsen – **Sagen** aus Baden-Württemberg · aus Hamburg · aus Schlesien · aus Schleswig-Holstein · aus Südtirol · aus Westfalen – **Schulerinnerungen** aus Hamburg · aus Schleswig-Holstein – **Schwänke** aus Franken · aus Niedersachsen · aus Schleswig-Holstein – **Sprichwörter und Redensarten** aus Mecklenburg · aus Schleswig-Holstein – **Plattdeutsche Sprichwörter** aus Niedersachsen – **Weihnachtsgeschichten** aus Baden · aus Berlin · aus Brandenburg · aus Bremen · aus Franken · aus Hamburg · aus Hessen · aus Köln · aus Mecklenburg · aus München · vom Niederrhein · aus Niedersachsen · aus Oberschlesien · aus Ostpreußen · aus Pommern · aus dem Rheinland · aus Schlesien · aus Schleswig-Holstein 1 · aus Schleswig-Holstein 2 · aus dem Sudetenland · aus Westfalen · aus Württemberg – **Witze** aus Hamburg · aus Mecklenburg · aus Ostpreußen · aus Pommern · aus Sachsen · aus Schleswig-Holstein

HUSUM
HUSUM DRUCK- UND VERLAGSGESELLSCHAFT
Postfach 1480 · 2250 Husum